開拓社叢書 18

英文法を探る

安藤貞雄【著】

開拓社

は　し　が　き

　本書は，『英語学の視点』（開拓社，1996年）以後に発表した論考を中心に，若いときに発表した若干の小論を加えて，一本にまとめたものである（それらの詳細については，巻末の初出一覧をご覧いただきたい）．しかし，本書にまとめるにあたっては，どの章にも，多かれ少なかれ，加筆と修正をほどこした．

　第I部「語法探索」に収めた8編の小論は，『英語青年』，『英文法研究』に発表し，のちに小著『英語語法研究』（研究社，1969年）の収録したものの一部である．現在この本は絶版で手にはいらないので，若い読者にとって，こうした措置も無意味ではないと信じている．そのうち，第1章の「'All a poet can do today is warn' の構文」は，大塚高信博士の推薦で，はじめて『英語青年』に載ったもので，筆者にとって，なつかしく，かつ，大事な論考である．

　第II部「英文法を探る」には，比較的最近に発表した小論9編を収めてある．あえて言えば，第9～12章までは，伝統文法的なアプローチで書かれ，第13章は，おもに結果構文に関する構文文法のアプローチを批判し，代案を示したものである．第14章は，overに関する認知意味論の扱いを検討し，もっと簡潔で心理的に自然な代案を提示したものである．第15, 16章は，生成文法の枠組みで書かれた論考であり，第17章は，英語史的研究である．

　第III部「英語学点描」は，新たに書きおろした第22, 23章の2章を除き，すべて2001年以後の『英語青年』のEIGO CLUBに載ったもので，肩の凝らない読み物になっているはずである．

　三部に分けてはいるが，全巻を貫いている姿勢は，英文の意味を文単位ではなく，より大きな脈絡の中で考え，文脈に顕現している意味を考慮すること，単に英語の実態を記述するにとどまらず，常になぜそうなのかを問うこと，そして権威を盲信しない「健康な懐疑主義」であると言えようか．

再校の段階で，同学の友人・中川憲博士が全ページに厳密な目を通して，貴重なコメントの数々を与えられた．氏の変わらぬ友情に心から感謝する次第である．

　最後に，本書の出版を快諾された開拓社，特に山本安彦氏のご理解とご厚意に感謝申しあげる．また，いつものように，綿密きわまるコピー・エディティングを担当してくださった編集課の川田賢氏のご尽力に対して，心からの感謝を捧げたい．

　　2007年5月
　　　　わが愛せしPatty IIの死を悼みつつ

　　　　　　　　　　　　　　　　　　　　　　　　　　安藤　　貞雄

目　次

はしがき

第 I 部　語法探索

第 1 章　'All a poet can do today is warn' の構文 …………… 2
- 1.1.　使用区分と文体 ……………………………………… 2
- 1.2.　to を省略する心理 …………………………………… 4
- 1.3.　to の出没による差異 ………………………………… 7
- 1.4.　類似構文との比較 …………………………………… 10

第 2 章　'How is it that …?' と 'Why is it that …?' ………… 12
- 2.0.　はじめに ……………………………………………… 12
- 2.1.　文法的・文体的な性格 ……………………………… 14
- 2.2.　ほぼ同義的な場合 …………………………………… 15
- 2.3.　「意見・説明」を求める場合 ………………………… 17
- 2.4.　まったく意味の異なっている場合 ………………… 19

第 3 章　'V + (the) hell out of' の構文 ……………………… 21
- 3.0.　二つのタイプ ………………………………………… 21
- 3.1.　A 型の例 ……………………………………………… 22
- 3.2.　B 型の例 ……………………………………………… 23
- 3.3.　両タイプの意味と起源 ……………………………… 25

第 4 章　'pat sb on the back' とその類型 …………………… 29
- 4.1.　A 型と B 型 …………………………………………… 29
- 4.2.　両型の差 ……………………………………………… 31
- 4.3.　B 型と感情的色彩 …………………………………… 33
- 4.4.　C 型の存在 …………………………………………… 34
- 4.5.　C 型の特質 …………………………………………… 35

第5章　What I did, I started talking の構文 …………… 38
- 5.0.　はじめに ………… 38
- 5.1.　What I did のタイプ ………… 39
- 5.2.　What I may do, I may … のタイプ ………… 40
- 5.3.　What I did *was* のタイプ ………… 42
- 5.4.　All I did *was* のタイプ ………… 43
- 5.5.　what, all 以外の語にみちびかれるタイプ ………… 44
- 5.6.　機能と起源 ………… 44

第6章　'do + the -ing' の構造 …………… 48
- 6.1.　使用区分 ………… 48
- 6.2.　the の性格 ………… 49
- 6.3.　do の意味 ………… 51
- 6.4.　この構造の特質と類型 ………… 53

第7章　'say, talk, etc. to oneself' …………… 55
- 7.1.　say to oneself ………… 55
  - 7.1.1.　「ひとりごとを言う」の場合 ………… 55
  - 7.1.2.　「心の中で考える」の場合 ………… 57
  - 7.1.3.　どちらとも決しがたい場合 ………… 57
- 7.2.　talk/speak to oneself ………… 58
- 7.3.　類　型 ………… 59

第8章　「All is 抽象名詞」の構文 …………… 60
- 8.1.　用　例 ………… 60
- 8.2.　説　明 ………… 63

第 II 部　英文法を探る

第9章　無生物主語構文 …………… 68
- 9.1.　特　徴 ………… 68
- 9.2.　無生物主語の訳し方 ………… 69
- 9.3.　無生物主語をとる動詞 ………… 69
- 9.4.　おわりに ………… 75

第10章　It のステータスについて …………… 76
- 10.0.　はじめに ………… 76

10.1.	環境の it	77
10.2.	非人称の it	78
10.3.	it 外置構文	79
10.4.	it 分裂構文	82

第 11 章　叙想法の諸問題　　87

11.1.	叙想法の機能	87
11.2.	用語の問題	87
11.3.	叙法はどの節点に生成されるか	88
11.4.	叙想法動詞は非定形か	90
11.5.	命令的叙想法の否定文では，なぜ *do*-support を必要としないのか	91
11.6.	叙想法節の補文標識 that は省略できないのか	92
11.7.	1 人称，3 人称への命令は可能か	94
11.8.	Were I you (= If I were you) の形式の起源	96
11.9.	Subjunctive は常に従節中に生起するのか	98

第 12 章　Subjunctive は「接続法」か　　101

12.0.	はじめに	101
12.1.	A. の問題	102
12.2.	B. の問題	105

第 13 章　構文とプロトタイプ　　107

13.1.	使役・移動構文と結果構文	107
13.2.	結果構文の諸タイプ	110
13.3.	従来の統語分析の検討	113
	13.3.1.　Ternary 分析	114
	13.3.2.　Binary 分析	114
	13.3.3.　Hybrid 分析	115
	13.3.4.　VP shell 分析	115
13.4.	新しい分析	117
13.5.	結果構文の制約	122
13.6.	類似構文	128
	13.6.1.　BODY PART *off* 構文	128
	13.6.2.　way 構文	129
	13.6.3.　'time' away 構文	130
	13.6.4.　V to one's feet	131
	13.6.5.　V out	131

viii

  13.6.6. V up ……………………………………………… 132

第14章　over の意味分析 …………………………………… 133
 14.0. はじめに ………………………………………………… 133
 14.1. Lakoff (1987) の分析およびその批判…………………… 133
  14.1.1. スキーマ 1：above-across「上方を横切る」 ……… 134
  14.1.2. スキーマ 2：above「上に」 ………………………… 135
  14.1.3. スキーマ 3：covering「覆う」……………………… 136
  14.1.4. スキーマ 4：reflexive「再帰的」…………………… 137
  14.1.5. スキーマ 5：excess「超過」………………………… 138
  14.1.6. スキーマ 6：repetition「反復」……………………… 139
  14.1.7. over のメタファー的な意義 ………………………… 139
 14.2. Lakoff (1987) の問題点 ………………………………… 140
 14.3. Dewell (1994) の分析 …………………………………… 143
  14.3.1. 中心的なスキーマ：半円形の経路………………… 144
  14.3.2. プロファイルされた分節 …………………………… 144
  14.3.3. 結果状態 ……………………………………………… 146
  14.3.4. 伸びていく線的な TR ………………………………… 146
  14.3.5. 二次元から三次元への変換 ………………………… 147
  14.3.6. 再帰的な TR …………………………………………… 147
  14.3.7. 平面的な覆い：中心的なスキーマからの逸脱 …… 148
 14.4. Dewell (1994) の分析の問題点 ………………………… 149
 14.5. 代　案………………………………………………………… 151
  14.5.1. 中心的スキーマ ……………………………………… 152
  14.5.2. 分節のプロファイル ………………………………… 154
  14.5.3. イメージ・スキーマの回転 ………………………… 157
  14.5.4. TR 自体の回転 ………………………………………… 158
 14.6. overlook と oversee ……………………………………… 158

第15章　否定辞 not の位置について ……………………… 161
 15.1. 文否定の not の位置 …………………………………… 161
  15.1.1. be/have の場合 ……………………………………… 161
  15.1.2. 一般動詞の場合：*do*-support …………………… 165
 15.2. 構成素否定の not ……………………………………… 166
 15.3. 意味と形式との不一致 ………………………………… 169

第16章　英語の例外構造について ………………………… 171
 16.1. 例外構造とは ……………………………………………… 171

16.2. Reinhart (1991) 批判 ………………………………………… 174
16.3. 代　案………………………………………………………… 177

第 17 章　英語史四章 ………………………………………………… 181
17.1. ought to はなぜ to が付くのか ……………………………… 181
17.2. 迂言的 do の起源 …………………………………………… 185
17.2.1. 従来の諸説 ……………………………………………… 185
17.2.2. 代　案 …………………………………………………… 186
17.3. It's me の構文 ………………………………………………… 187
17.3.1. この構文の歴史 ………………………………………… 187
17.3.2. 従来の説明 ……………………………………………… 188
17.3.3. 新しい解釈 ……………………………………………… 189
17.4. 痕跡を削除できるか ………………………………………… 191
17.4.1. 従来の説明 ……………………………………………… 191
17.4.2. 反　例 …………………………………………………… 191

第 III 部　英語学点描

第 18 章　since 構文と時制 ………………………………………… 194
18.1. 主節の時制 …………………………………………………… 194
18.2. since 節中の時制 ……………………………………………… 197

第 19 章　?why to do と *who to go ………………………………… 199
19.1. ?why to do の実例 …………………………………………… 199
19.2. *who to go ……………………………………………………… 201

第 20 章　Who may you be? ………………………………………… 203

第 21 章　Jespersen sometimes nods. ……………………………… 206
21.1. What's the matter? …………………………………………… 206
21.2. Oh, to be in England ………………………………………… 208

第 22 章　anaphoric と cataphoric の訳語 ………………………… 210

第 23 章　learn to do と learn how to do …………………………… 212

第 24 章　'He's fat, and scant of breath' …………………………… 215

第 25 章　*The Cricket on the Hearth* を読む ……………………　219

第 26 章　逸話好きなイェスペルセン ……………………………　223

第 27 章　イディオム三題 …………………………………………　228
  27.1.　Thunder turns the milk ……………………………　228
  27.2.　spitting on a coin …………………………………　232
  27.3.　before you can say "Metro-Goldwyn-Mayer" ……　234

引用文献 ……………………………………………………………　237
索　　引 ……………………………………………………………　243
初出一覧 ……………………………………………………………　247

第I部

語法探索

第 1 章

'All a poet can do today is warn' の構文

1.1. 使用区分と文体

次のような構文における to の脱落は，普通，(i) アメリカ英語の特徴であり（豊田 1951: 98），(ii) 口語体の特徴である（Curme 1931: 6, 193）とされている．

(1) All I could do was *wait* until he felt better.

(Selinko, *Désirée*)

（彼の気分がよくなるのを待つほかなかった）

(2) All I do is *deal*, *drink 'n' fight*.

(Algren, *The Man with the Golden Arm*)

（あっしゃ，ただ，トランプ札を配り，酒を飲み，けんかをするだけなんでさ）

(3) The best he can do is *dodge* and *run away* from Yankees.

(Faulkner, *The Unvanquished*)

（彼は身をかわして，北軍からのがれるのが関の山だ）

(4) All Lloyd can do is *play* the mandolin.

(E. Chamberlaine, *The Far Command*)

（ロイドときたら，マンドリンを弾くことしか能がないんだ）

第1章 'All a poet can do today is warn' の構文

こうした構文における to の脱落が，特に〈米〉において頻用され，今では標準化していると言ってさしつかえないこと，また，それが特に口語的文脈において多く起こるということは，確かな事実であるけれども，ただ，次の2点だけは，まず第一に指摘しておかなければならない．それは，この構文はイギリス人である Dickens, Strong, Owen, Spender, Greene などの文章にも現れるので，(i) これは決してアメリカ英語特有の語法とは言いがたいこと，しかも，Strong の場合はその『英文学史』の Wordsworth 論，Wilfred Owen の場合は詩集（Edmund Blunden 編）の自序，Spender の場合はその自叙伝の地の文に用いられているので，(ii) 必ずしも口語体にかぎらず，かなり格式的（formal）な文体でも用いられること，の2点である．

(5) All he has got to do is *keep on* turning as he runs away.
(Dickens, *Dombey and Son*)
（彼は，ただ，逃げながら，絶えず向きを変えていさえすればいいのだ）

(6) What these rationalists must not do, as Professor Raleigh has warned them, is *deny* that Wordsworth believed what he said.　　(Strong, *Short History of English Literature*)
（これらの合理主義者たちのしてはならないことは，ローレー教授が彼らに警告しているように，ワーズワスが，自分の言葉を信じていたということを否定することだ）

(7) All a poet can do today is *warn*.
(Owen, *The Poems*, 'Preface')
（今日詩人になしうることは，警告することのみなのだ）

(8) All he can do is *utter* a shout, but this too is ineffective.
(Spender, *World Within World*)
（彼には大声をあげることしかできないが，しかし，これもまた効果がない）

(9) All you need do is *pull* on this.　　(Greene, *Brighton Rock*)
（ただ，こいつを引っぱりさえすりゃいいんだよ）

1.2. to を省略する心理

ところで，To see is to believe.（見れば信じるようになる，'百聞は一見にしかず'）のような文の場合，to を省略することは絶対にできないのに，主語節に do があるこの構文においては，[1] なぜ，to がしばしば脱落するのだろうか．Curme (1931: 6) は，

 (10) *Kill* or *be killed*, *eat* or *be eaten*, was the law.
         (Jack London, *The Call of the Wild*)
 （殺すか殺されるか，食うか食われるかが掟だった）

のような場合の to の省略は，おそらく，多くの場合，命令文と感じられるためではないかと言い，ただし，口語に多用される

 (11) All she has to do is *come* here.
   （彼女はここへ来さえすればいいのだ）

のような場合は，命令文と解することはできない，と匙を投げた格好である．

Jespersen (*MEG* V: 171) は，1400 年ごろから do, does, did（しかし，doing, done は不可）の次に裸不定詞が使用されるようになったが，問題の構文のような，不定詞が直接 do と結びついていない場合も，やはり，do の影響で to が省略されたと見ることができよう，と説明している．

筆者も，やはり，先行の do の存在をこの構文が成立する不可欠の要因とみなすものであるが，しかし，Jespersen のように，助動詞 do のあとには

---

1. 主語節の形態は，すでに見たように，All one has (got) to do の型が一番多いが，しかし，主語節に do さえ含んでいれば形は種々でよいのであって，手もとの用例にも，次のような型が見えている．

The best one can/could do	(The) worst one can do	The only thing I could do
The thing (for you) to do	The least I can do	The wise thing to do
What one must not do	All I do	All one can do
The last/first thing we want to do		

裸不定詞がくる，という意味においてではない．なぜなら，この構文では，彼が「不可」としている done のあとでさえ，次に示すように，to の省略される場合が見いだされるからであり，したがって，この構文は，これとは異なった観点から説明されなければならないのである．[2]

(12) All you've *done* is *butt* into where you're not wanted.
(Caldwell, *This Very Earth*)
（あんたがやってきたことは，余計なおせっかいをすることだけなんだ）

(13) All that I have *done* is *talk* about it.
(Moravia, *Conjugal Love*)
（私がしてきたことは，愛について語ることばかりだ）

(14) All I have *done* is *work* and *take* care of Vanessa.
(Steel, *Remembrances*)
（私がしてきたことは，ヴァネッサの世話をすることだけです）

筆者は，そこで，この to の脱落を文法というよりは，むしろ，発話者の心理の立場から説明してみたい．

たとえば，To see is to believe. のような場合，to を省略することが絶対にないのは，「'見ること'は'信ずること'なり」という気持ち，つまり「名詞句＝名詞句」(*ie* to see＝to believe) という等式が成立しているため，と解されるのに対して，

(15) All you *do* is *sneer* at me. (J. Iams, *The Countess to Boot*)
（君は，ただ，ぼくのことをせせら笑うだけだ）

のような場合，「'する'のは'せせら笑う'ことだ」という気持ち，つまり，「動詞＝動詞」(*ie* do＝sneer) の等式が成立していて，いわば，一般的・抽

---

2. What she was *doing* was *correcting* the proofs. (彼女がしていることは，校正をすることだった) のような場合は，別の構文と考えるべきだろう．しかし，二つの -ing 形が一致している点では類似している，と言わなくてはならない．

象的な do が，端的に，特殊的・具体的な sneer に置き替えられた形式となって，do の「内訳」を説明していると解されるのである．こうした 'do＝裸不定詞' の気持ちは，次のような構文においては，いっそう，顕著に感じとることができるだろう．

(16) What did you *do, swipe* Jack's key to the place before you left?　　　　　　　　　　　　　　(Spillane, *I, the Jury*)
（君はどうしたんだ，家を出るまえにジャックの鍵を盗んで，そこまで持ってったのかい？）

(17) What do you have to *do, hook* her up the back?
(J. Iams, *The Countess to Boot*)
（君はどうしなくちゃいけないんだ，背中のホックを留めてやるのかい？）

(18) What are you trying to *do* to me —*pull* some sort of trick on me!　　　　　　　　　(Caldwell, *This Very Earth*)
（お前はおれにどうしようとしてるんだ――何かおれをかつごうてんだろう！）

(19) What shall we *do* after supper?　*Go* to a theatre?
(Wilde, *The Importance of Being Earnest*)
（夕飯がすんだら何をしようか？　芝居へでも行こうか？）

(20) what good will my soul *do* thy Lord?—*Enlarge* his kingdom.
(Marlowe, *Doctor Faustus* 472)
（私の魂がお前の主人のどんな役に立つのかね――あのかたの王国を広げてくれるのだ）

さて，(16)-(20) の例においては，裸不定詞は先行の do と同格的 (appositional) であって，to を付けることは，むしろ不自然であることは注目に値する．[3]　私見では，問題の構文において to が脱落するとき，上例

---

3. Visser (1978: 1490) は，この do は後続する裸不定詞を目的語としていると考えている．

において to を省略したのとまったく同じ心理が働いている，と解されるのである．さらに，次の例を見られたい．

> (21) At our first luncheon he asked me what I wanted to *do*. I said: "*Be* a poet."　　　　(Spender, *World Within World*)
> （二人ではじめて昼食をともにしたとき，彼は私に，何をやりたいのか，と尋ねた．私は，「詩人になるんです」と言った）

ここは，T. S. Eliot と若き日の Stephen Spender との会見を描いているところであるが，'What do you want to do?' と聞かれた Spender は，なぜ，'To be a poet' と答えなかったのであろうか．われわれは，ここでも，'Be a poet' が 'do' の「内訳・正体」を明らかにした形式として，標題の構文の発生へ側光を投げかけているのを知るのである．[4]

1.3.　to の出没による差異

さて，すでに見たように，不定詞の to が脱落するのは，必ず主語部に do がある場合でなければならないけれども，逆に言って，主語部に do があれば必ず to が脱落するとはかぎらない．

筆者が試みに，Caldwell の *This Very Earth*; Spillane の *I, the Jury*; *Kiss Me, Deadly*; *My Gun is Quick*; Jack Iams の *The Countess to Boot*; Moravia の *Conjugal Love*, *Two Adolescents*; Selinko の *Désirée*; E. Chamberlaine の *The Far Command*; Faulkner の *The Unvanquished* など，都合 10 冊の小説で両型の統計をとってみたところ，次のような数字が得られた．

4.　なお，次の例も参照．
　　If there's one thing he can't *do*, it's *make* up his mind to anything.
　　　　　　　　　　　　　　　(Doris Lessing, *The Other Woman*)
　　（あの人にできないことが一つあるとすりゃ，それは，腹を決めて何かをするってことなんです）

	裸不定詞		to 不定詞		
	会話文	地の文	会話文	地の文	計
Earth	8	1	6	0	15
Jury	1	3	0	3	7
Kiss	5	4	0	0	9
Gun	6	4	0	0	10
Countess	8	0	0	0	8
Love	0	1	1	2	4
Two	0	0	0	4	4
Désirée	2	1	0	0	3
Command	2	0	1	0	3
Unvanquished	2	0	0	1	3
計	34	14	8	10	66

　この表によれば，会話文中の to のない例は，地の文の 2 倍強，会話文中の to のある例の 4 倍強であって，確かに，この形の口語における優勢は認めてよいようである．ちなみに，Spillane, J. Iams の二人は，会話文では to 不定詞を全然使用しないことが注目される．

　それにしても，同一の作品で，しかも同じく会話文において，両形が見いだされる場合が少なくないという事実は，どう解釈するべきであろうか．両形は，作者の気まぐれのままに，無差別に使用されているのか，それとも，両形を使い分けようとする微妙な心理が働いているのだろうか．筆者の観察では，to のない形は概して感情的色彩を帯びた言い方で，ために，いっそう口語的・強意的であり，一方，to のある形は，やや格式的で，冷静な判断を下すような場合に用いられることが多い，と言えるように思われる．

　たとえば，上掲 (7) の All a poet can do today is *warn*. という Wilfred Owen の文の揚合，詩人はなぜ，is to warn としないで，is warn と to を落としたのか．それは，to のない形のほうが直截(ちょくせつ)的で，強い感情をこめる

ことができるからである．"is warn" とあればこそ，われわれは，詩人の悲痛な絶叫を聞く思いがするのである．もしも，「詩集」の編者の Edmund Blunden がしたように，"is [to] warn" と to を入れたなら，論理的にはなったかもしれないが，途端に詩人の絶叫は聞こえなくなり，情意の欠けた，まるで学者が定義でも下すような言い方に堕してしまうのに気づくのである．

また，たとえば，(6) の What these rationalists must not do ... is *deny* という Strong の文の場合にしても，to が落ちていればこそ，「してならないのは，'否定する' ことだ」というふうに，あたかも，deny という不定詞を額縁に入れて高く掲げでもしたような効果を挙げているのが知られるのである．

この際，warn, deny などの裸不定詞が，筆者が想像しているように強調的であるならば，そこにストレスが置かれることは当然予想されることである．事実，このことは，次の例のような，もともと不定詞がイタリック体で印刷されている場合があることで明らかであろう．

(22) We don't need proof.　All we have to do is *look* for proof.
　　　　　　　　　　　　　　　　　　　(Spillane, *My Gun Is Quick*)
（証拠なんかいるものか．証拠なんか探しさえすりゃいいんだよ）

また，次のような，語気の激しい，強い感情のこもった文章では，当然，to のない形が好まれる．というのは，do is to talk よりも，do is talk のほうが，直截で，きびきびしていて，強意を表すのに適するからである（それは，下線部に見られるように，文脈に顕現している）．

(23) "Hell-fire!" Chism said with a sour look. "All you ever do is *talk* about that! You haven't said a blame word about a sawmill ...."　　　　　　　　　(Caldwell, *This Very Earth*)
（「やんなっちゃうぜ！」と，チズムは苦い顔をして言った．「あんたときたら，そのことばっかり話してるんだ．製材所のことなんか，おくびにも出したためしがないんだからな ......」）

これに反して，to のある形が，反省的で，私情を交えない (detached)

心的態度で述べられる言い方であることは，次のような例を見れば，かなり明瞭に理解することができる．

 (24) The wise thing to do now is *to get* yourself out of this unfortunate situation while you can. (Caldwell, *This Very Earth*)
   (今とるべき賢明な道は，手遅れにならないうちに，この不幸な境遇から抜け出ることなんですよ)

 (25) And the only thing for us to do is *to spot* the bad ones and get rid of them. (E. Chamberlaine, *The Far Command*)
   (で，われわれにできることは，不良分子を見つけて，厄介払いすることだけなのだ)

 (26) All the inexperienced child has to do is *to follow* the line of dots with a pencil. (Moravia, *Luca*)
   (不慣れな子どもは，ただ，鉛筆で点線をなぞりさえすればいいのである)

1.4.　類似構文との比較

人によっては，標題の構文を，次のような例に見られる裸不定詞の用法と同一視しようとする向きもあるが，これらは，むしろ，引用された命令文，つまり，引用実詞 (quotation substantive) と見るべきものであり，問題の構文とは峻別されなければならない．

 (27) The only advice I feel competent to offer is, *keep* it as simple as you can. (Myers, *Guide to American English*)
   (私にできる助言は，ただひとつ，それをできるだけ簡潔にしておけ，ということだ)

 (28) The secret of survival is—*adapt*, or *perish*. (A. Leokum)
   (生き残る秘訣は——順応しないと滅びる，ということだ)

このような場合，"Keep it as simple as you can" とか，"Adapt, or perish" のように，引用符でくくってみれば，これらがともに命令文出身の引

用実詞であることが，いっそう明確になってくるはずである．さらに，(27) の例ではコンマによって，(28) の例ではダッシュによって，主語部との「断絶」が行なわれている点にも注目すべきであって，このような断絶は，問題の構文では見られないものなのである．

次にあげる用例も，問題の構文に似て非なる，「引用実詞」の構文にほかならない．

(29)　Then it was *kill* or *be killed*.

　　　　　　　　　　　　　　　(H. Miller, *The Alcoholic Veteran*)
　　　（そうなれば，殺すか殺されるかだった）

(30)　It was *touch* and *go*.　　(Hughes, *Tom Brown's School Days*)
　　　（まさに一触即発だった）

第 2 章

'How is it that …?' と 'Why is it that …?'

2.0. はじめに

　How is it that …? は，概略，why と同義の成句的表現とみなしてよい．Web³ や WBD² などの辞書は，how = 'for what reason; why' の語義のもとに，前者は，

　　(1)　*How is it that* ye sought me?　　　　　　　　(*Luke* 2: 49)
　　　　（どうして私を捜したのですか）

という例を，後者は

　　(2)　*How is it* you are late?
　　　　（なぜ，遅れたのですか）

という例をあげている．実際の用例にあたってみても，How is it that …? が why と同義であることは，たとえば，

　　(3)　'And *how is it that* you are not a justice of the peace, since you always live in the country?'
　　　　'Because I consider it an idiotic institution,' morosely replied Levin.　　　　(R. Edmonds, Tolstoy's *Anna Karenin*)

第2章　'How is it that …?' と 'Why is it that …?'　　13

　　（「ところで，あなたが治安判事におなりにならんのは，どうしてです，いつもいなかにお住みなんだから」「ああいうものは，ばかげた制度だと思ってるからですよ」とレービンは，むっつりした調子で答えた）

のように，because で答えを受けているのを見ても察せられるし，さらに，次のような例では，"reason" ということばによって，その "理由" を求める気持ちが，いっそう，あらわに文脈に顕現しているのが知られるのである．

　(4)　Seeing a boy or girl in charge of a cow, he would ask: "*How is it that* you, a little child, are able to control that animal, so much bigger and stronger?" And he would show the reason, speaking of the human soul.
　　　　　　　　　　　　(Gissing, *The Private Papers of Henry Ryecroft*)
　　　（雌牛の番をしている男の子や女の子を見ると，彼はこう尋ねるのだった．「どういうわけなんだろうな，小さな子どものあんたが，自分よりもずっと大きくって，力のあるその動物を自由にすることができるというのは？」それから，人間の魂の話をして，その理由を説いてきかせるのだった）

　ところが，ここに注意するべきは，同じく「理由」を求める形式として，いまひとつ，Why is it that …? という形式が並び行なわれている事実である．

　(5)　"And *why is it that* to me thou art thus unconfidential?" "Because thou hast been my enemy."
　　　　　　　　　　　　　　　　　(Lytton, *The Last Days of Pompeii*)
　　　（「で，なぜなんだね，君がこんなにわしに包み隠しするのは？」「そりゃ，あなたは以前から，私の敵であったからです」）

つまり，why と同義の表現として，How is it that …? と Why is it that

…? の両型が並び行なわれているわけである．[1]

　とすれば，両型は，いったい，どのような文法的・文体的特徴をもっているのか．両型は，まったく同義的（synonymous）であるのか，それとも，その間に微妙な違いが感じられるのか．本章のねらいは，以下，そういう相違を手もとのデータから探り出すことである．

2.1. 文法的・文体的な性格

　まず，文法的には，両型とも 'It is … that' の強意形式（= it 分裂文）によって，how あるいは why を浮き彫りにした構造である，ということになる（cf. OED[2] s.v. *It* B. 4d）．このことは，What/When/Where is it that についても言える．なお，フランス語の Qui est-ce qui/Quand est-ce que（= Who/When is it that）の形式を参照．

　たとえば，Rosemary Edmonds の新訳になる Tolstoy の *Anna Karenin* には，地方自治会活動などにも参加しようとしない Levin に向かって，その兄が 'Why can't you?' と聞くと，Levin が気のない返事しかしないので，さらに，

　　　(6)　*Why is it* you can do nothing?
　　　　　（何もできないというのは，なぜなんだ？）

と聞きただすところがある．明らかに，後者の形式のほうが，why のもつ疑問の気持ちを一段と浮き彫りにし，それにスポットライトを当てるに適し

---

1. Cf. 'I want to tell you that I can't come to your house ….'
　　'What?　I mean, *how*?　*Why*?' said Oblonsky with a smile.
　　'Because I am about to take divorce proceedings against your sister, my wife.'　　　　　　　　　　　　　　(R. Edmonds, Tolstoy's *Anna Karenin*)
　　（「お宅へ行くことはできないと言いたいのです」「何ですって？　つまり，どうして？　なぜ？」とオブロンスキーは，微笑しながら言った．「なぜなら，ぼくはあなたの妹さん，ぼくの妻に離婚訴訟を起こそうとしているからですよ」）
　なお，日本語の「どうして」が，よく「なぜ」の意味合いで用いられる場合のあることを思い合わせるべきである．

た形式になっているのが感じとられる．それは，(6) では，you can do nothing という部分は，旧情報となり，Why is it that ...? という形式を用いることで，why の部分，すなわち，その「理由」だけを新情報の焦点として求めているからである．

一方，文体的には，この表現は，口語的な慣用法になっていると考えられる．「口語的」とする理由は，二つある．第 1 に，両型とも，ほとんどもっぱら会話の部分に現れるということ，第 2 に，〈口語体〉の特徴として，次のように，that がしばしば脱落するということ，の 2 点である（たとえば，手もとの両型の用例，計 49 例のうち，44 例までが会話の部分に起こり，しかも，30 例は that が脱落している）．

(7) *How is it* you are so late?

(Hardy, *The Return of the Native*)

（こんなに遅れたのは，どうしてですか）

(8) Uncle, *why is it* you never wear socks? (BNC)

（おじさん，おじさんが靴下を絶対はかないのは，なぜですか）

そういう次第で，両型は，文法的には How/Why の強調形式，文体的には How/Why に当たる口語体として「理由」を求める形式である，とひとまず仮定してさしつかえない．

2.2. ほぼ同義的な場合

両型は，しかし，常にまったく同義的なわけではない．その間には，微妙な意味の違いが感じられるのである．

まず，How is it that ...? は，感情的な聞きかけであって，詰問的な色彩を帯びることが多い．その「詰問的な色彩」が，次の (9) や (10) の例では，文脈に顕現している点に注目されたい．

(9) 'But where is he? *How is it* he leaves me alone in my misery?' she thought suddenly with a feeling of reproach.

(R. Emonds, Tolstoy's *Anna Karenin*)
(「それにしても，あの人はどこにいるのだろう．私がこんなに苦しんでるのに，どうしてひとりぼっちにしておくのだろう？」と彼女は，突然，非難の気持ちにかられて，そう思った)

(10) 'How *is it* you sent word to the princess that we weren't going?' he whispered to her angrily, losing his voice.　(Ibid.)
(「どういうことなんだい，王女に行きませんとことづてしたりなんかして？」と彼はカッとして，口もきけなくなりながら，小声で妻に言った)

(11) He was coughing and spitting and he gasped, "*How is it that* there is not water yet to heat my lungs?"
(Pearl S. Buck, *The Good Earth*)
(彼は，せきこんだり，つばを吐いたりしていたが，「どういうことなんじゃい，まだ，わしの胸をあっためる湯がわいてないってのは？」と，あえぎながら言った)

(12) But *how is it* she does not think of it herself?
(R. Edmonds, Tolstoy's *Anna Karenin*)
(ですけど，どうしてあの人は，自分でそのことをお考えにならないのでしょう)

ここは，夫に離婚の請求をするように Anna を説き伏せてほしい，と Vronsky に頼まれた Dolly がこう反問しているところであるが，この言葉にも，やはり，「なにも私に言われなくたって」という「詰問的な色彩」がにじみ出ているのがわかる．

一方，Why is it that …? のほうは，もっぱら疑問を疑問とした，純粋な問いかけであって，「詰問的な色彩」を帯びず，いわば，「理知的な問いかけ」である，と言うことができる．

(13) *Why is it that* a woman can see from a distance what a man cannot see close?　(Hardy, *The Return of the Native*)
(なぜなんだろう，男には近くにいても見えないものが，女には

第2章 'How is it that …?' と 'Why is it that …?'　　　17

遠くからでも見えるというのは？）

このような事柄を「詰問」したところで，どうしようもないことは明らかである．次の諸例についても，同様なことが言える．

(14) *Why is it that* one can never talk about anything serious without getting mixed up with it [the Bible]?
　　　　　　　　　　　　　　　(Huxley, *Two or Three Graces*)
（なぜなんだろう，何かまじめな話をすると言えゃ，必ず聖書とかかり合ってくるのは？）

(15) *Why is it that* we can better bear to part in spirit than in body?　　　　　(Dickens, *The Old Curiosity Shop*)
（実際に別れ別れになるよりも，気持ちの上で別れ別れになるほうが，まだしも耐えられるというのは，なぜだろうか）

(16) But *why is it* his ears stick out so oddly?
　　　　　　　　　　　　　　(R. Edmonds, Tolstoy's *Anna Karenin*)
（それにしても，なぜ，あの人の耳は，ああへんてこに突き出ているのだろう）

これは，モスクワから帰ってきた Anna が，夫の耳を見て自問する言葉であるが，ここには，「詰問的な色彩」は存在しない．ただ，あるのは，疑問を疑問とした，「理知的な問いかけ」のみである．

2.3. 「意見・説明」を求める場合

次に，両型のニュアンスが，さらにずれている場合を考えてみよう．まず，以下の How is it that …? の用例は，いずれも，because で答えを受けてもいなければ，「詰問的な色彩」も感じられない．

(17) '*How is it that* he speaks Italian?' asked Phillis.
　　'He had to make a railway through Piedmont, which is in

Italy, I believe; and he had to talk to all the workmen in Italian.'　　　　　　　　　　　　　(Gaskell, *Cousin Phillis*)
（「どうしてあの人は，イタリア語をお話しになるの？」とフィリスが尋ねた．「あの人はピエモンテ——たしかイタリアにあるはずです——に鉄道を作らなくちゃいけなかったのです．それで，すべての労務者にイタリア語で話さなくちゃいけなかったのです」）

(18)　　'... but *how is it* Hermione has them here?'
　　　　'She knew Gudrun in London — that's the younger one, the one with the darker hair — she's an artist — does sculpture and modelling.'　　　　　(Lawrence, *Women in Love*)
　　　（「それにしても，どういうわけで，ハーマイオニーは二人を招いているのだろう」「ロンドンでガドランと知り合ったのさ——ガドランってのは妹のほう，髪の毛の濃いほうの女さ——彼女は芸術家でね——彫刻もやるし模型制作もやるんだ」）

このように，because で答えを受けていないということは，How is it that ...? が，ここでは，「理由」というよりも，「いきさつ・てんまつ」を尋ねていることを意味するものである．[2]　あるいは，正面切って「理由」を求めるというよりも，ただ，相手の「意見・説明」を求めているのだ，と言い替えてもよいが，その「説明」を求めるという気持ちは，次の例では，文脈に顕現していることに注目されたい．

(19)　　'Constantin Dmitrich,' she began, 'do explain to me, please — you know all about such things — *how is it that* at home in our village of Kaluga the peasants and their womenfolk have spent all on drink and now pay us nothing?

---

2. この「いきさつ」の気持ちは，How comes it that ...? という形式では，いっそう明瞭になってくる: *How comes it that* you knew him? （どういういきさつで彼と知り合いになったのかね？）

What is the meaning of that?[3]....'

(R. Edmonds, Tolstoy's *Anna Karenin*)

(「コンスタンチン・ドミートリッチ」と彼女は切りだした.「ぜひ，説明していただきたいんですの——あなたは，そういうことは何でもご存じなのですから——どういうことなんでしょう，くにのカルーガ村の百姓どもは，男も女も，すべてのお金を酒につぎこんで，今じゃ納めるものも納めてくれないんですけど. これって，どういうわけなんでございますの？......」)

2.4. まったく意味の異なっている場合

最後に，しかし，十二分に注意するべきは，How is it that ...? が，以上のように多少とも成句的に用いられるのではなくて，how = 'in what manner' という原義において用いられる場合があることである．このような場合，How is it that = Why と機械的に速断することはできない．

(20) We see why the seal needs its fur if it's to live in the polar regions. We see why the tiger needs its strength if it's to live in the jungle. But *how is it that* these animals get what they need? *How* does the seal come by its fur, the tiger by its agility?　　　　　　　　　　　(*English in Action* II)

(アザラシが極地に住もうと思えば，なぜ，毛皮を必要とするかわかる．また，トラがジャングルに住もうと思えば，なぜ，力を必要とするのかもわかる．だが，これらの動物は，どのようにして，その必要とするものを獲得するのか．どのようにして，アザラシは毛皮を得，トラは敏捷さを得るのだろうか)

ここでは，why と how とが対照的に用いられて，why はわかるが how が

---

3. Cf. *How's* that? = (a) *What's the explanation of that?* (b) What's your opinion of that? etc. (OALD[2])

わからない，という文意になっている．"how is it that" が，続く文中では "How" と言い替えられているのを見ても，それは明白である．次の例でも，how は why と並置されて，その原義をとどめていると解さなければならない．

(21) And then memory flashed on him *how* and *why it was that* he was sleeping not in his wife's room but in the study.
    (R. Edmonds, Tolstoy's *Anna Karenin*)
(と，そのとき，自分はどうして，また，なぜ，妻の寝室に寝ていずに書斎に寝ているのかという記憶が，頭にぱっとよみがえってきた)

(22) But before I describe these events, I must tell *how it was that* Kingham re-entered my world.
    (Huxley, *Two or Three Graces*)
(しかし，こういう事件を述べる前に，キンガムが，どういうふうにして，ふたたび私の世界へはいってきたかを言わなくてはならない)

この場合も，how は 'in what manner' という意味に用いられている．というのは，「私」と Kingham とは，かなり親しい友人同士であって，今さら私の世界にはいってきた「理由」は問題にならず，ただ，その「いきさつ・てんまつ」を問題にしているにすぎないことは，文脈に照らして明らかであるからだ．

第3章

'V + (the) hell out of' の構文

3.0. 二つのタイプ

J. D. Salinger の *The Catcher in the Rye* に,次の二つのタイプの文が見いだされる(使用テキストは,Penguin 版,文末の数字はページを示す).

(1) a. I *got the hell out of* the park.　163　[A型]
　　b. He used to *scare the hell out of* us.　149　[B型]

A型,B型は,一見,パラレルな構文に見えるかもしれない.しかし,A型では,get は自動詞であり,out of は場所目的語をとっているのに対して,B型では,scare は他動詞,out of は主として人目的語を伴うという点において,両タイプは明確に構文を異にしている.さらに,A型では,

(2) I got out of the park.

のように,the hell を消去することができるのに対して,B型では,

(3) *He used to scare out of us.

のように,the hell を消去することはできないという違いがある.
　両タイプの構文ならびに意味は,どう違うのだろうか.その考察に先だって,まず,それぞれの用例を観察してみよう.

3.1. A型の例

(4) *Get the hell out of* my room.　108
　　（とっとと，この部屋から出ていけ）
(5) You may be *getting the hell out of* here.　46
　　（君は，ここからおん出ていくのかもしれない）
(6) I'd *get the hell out of* Pencey.　54
　　（ぼくは，ペンシー校からおん出ていこう）
(7) I felt like *getting the hell out of* the place.　85
　　（ぼくは，そこからおん出ていきたくなった）
(8) I wanted to *get the hell out of* the room.　14
　　（ぼくは，その部屋からとっとと出ていきたいと思った）
(9) How would you like to *get the hell out* of here?　137
　　（ここからおん出ていくのは，どうだい）

出て行く「場所」が明示されないときは，当然，「of＋場所目的語」は消去される．

(10) I was *getting the hell out*.　8
　　（ぼくは，おん出ていくつもりだった）
(11) Then I *got the hell out*.　56
　　（それから，ぼくはおん出ていった）

以上のように，A型に起こる典型的な動詞は get であることがわかる．しかし，出ていき方が特殊な場合は，get の異形として，bang, flunk, clear などの動詞が起こることがある．

(12) He *banged the hell out of* the room.　38
　　（彼は，バタンとドアを締めて部屋から出ていった）
(13) No wonder you're *flunking the hell out of* here.　45
　　（あたりまえだよ，君が落第して，ここからおん出ていくのは）

(14) he had to *clear the hell out*. 41
　　　　(彼は，とっとと立ち去らなければならなかった)

これらの場合，bang, flunk, clear などの動詞は，get the hell out (of) という**原型** (prototype) と同じ構造をとることによって，get の意味の上に特殊な出て行き方の意味がつけ加えられていると言える．たとえば，bang the hell out は，get the hell out by banging とパラフレーズできる．

3.2. B 型の例

Catcher の場合，B 型においてもっとも多く使用されている動詞は，scare であるが，scare にかぎらず，およそ受動変形を許すほどの他動詞なら，自由にこの型に生起すると言ってよい．[1]

(15) They *annoy the hell out of* me. 104
　　　　(彼らには，まったくいらいらさせられる)
(16) That *annoyed hell out of* me. 74
　　　　(それには，まったく閉口した)
(17) That *depressed the hell out of* me. 217
　　　　(そいつは，すごく憂うつだった)
(18) then it *depresses hell out of* me. 122
　　　　(そうすると，まったく気が滅入ってくる)

B 型の場合，the hell の the は，このように動詞が同一である場合でも——おそらくは口調次第で——落ちることが注目される．
　さらに，ABC 順に動詞の例を挙げれば，

(19) He … looked at me like he'd just *beaten hell out of* me in

---

1. 様態副詞 (adverb of manner) を伴う他動詞，と規定してもよい．*He has a dog quickly が非文法的であるように，*He *has the hell out of* a dog も非文法的になるからである．

ping-pong or something.　16

(やつは，まるでピンポンか何かで，ぼくをこてんぱんに負かしたような顔つきをして，ぼくの顔を見た)

(20) I don't know why, but it *bothered hell out of* me.　83

(なぜだかわからないが，それはすごくぼくを悩ました)

(21) She was *depressing the hell out of* me.　139

(彼女のおかげで，ぼくはすっかり気が滅入りかけていた)

(22) It *fascinated hell out of* her.　61

(それで，彼女はすっかりうっとりしてしまった)

(23) then he'd *goose the hell out of* you.　149

(それから，あいつはふざけて人のしりをつつくのだった)

(24) I gave him this very cold stare, like he'd *insulted the hell out of* me.　74

(ぼくは，彼がぼくをひどく侮辱したみたいに，こう，すごく冷ややかにねめつけてやった)

(25) She was *ostracizing the hell out of* me.　173

(彼女は，ぼくをすっかり，のけ者扱いにしていた)

(26) First she told me about some Harvard guy ... that was *rushing hell out of* her.　112

(まず，彼女は，彼女にやたらべたべたしている，あるハーバードの学生のことを話した)

(27) She *scared hell out of* me when she said that.　183

(彼女がそう言ったときには，ぼくは，すっかりおびえてしまった)

(28) It *scared hell out of* old Phoebe when I started doing it.　186

(ぼくがそうしはじめると，フィービのやつ，すっかりおびえてしまった)

(29) Boy, it really *scared hell out of* me.　199

(いやはや，実際，それには震えあがってしまった)

(30) Some guy next to me was *snowing hell out of* the babe he

was with.　149

(ぼくの隣の男が，デートしている女の子に，やたらおべんちゃらを言っていた)

次の例では，(the) hell のもつ強意的意味が，頭韻をふむ holy によって，さらに補強されているのがわかる．

(31) It *depressed holy hell out of* me.　114
(それで，ぼくはすっかり落ち込んでしまった)

さて，以上見てきたように，B 型の場合，out of のあとに起こるのは，主として「人目的語」であるが，*Catcher* には，「物目的語」の例も 1 回見いだされる．

(32) Then I *fanned hell out of* the air, to get the smoke out.　183
(それから，煙を外へ出すために，ぼくはむちゃくちゃに空気をあおいだ)

3.3. 両タイプの意味と起源

まず，A 型の起源は，比較的簡単に説明できる．すなわち，古くからあった

(33) I got out of the house.　(私は，その家を出た)

のような構文に，強意語万能選手とも言うべき the hell を入れて，

(34) I got *the hell* out of the house.　(私は，その家をおん出た)

のように文意を強めたのが A 型構文であると考えられる．ただし，生起する動詞は，get またはその異形でなければならない，という制限がある．この the hell は，強意的意味しかもたない以上，文法的には削除が可能である．つまり，(34) の the hell を削除するなら，たちまち，(33) が得られるのである．結局，A 型に現れる the hell は，次に示すような，疑問詞または

right/way などの副詞と共起する the hell と同一用法に立つものであることが知られるのである．

(35) Who *the hell* knows? 130
(いったい，だれが知るもんか)

(36) Where *the hell*'s my cigarettes? 37
(いったい，おれのタバコはどこにあるんだい)

(37) Then she ran right *the hell* across the street. 215
(それから，彼女は通りをまっすぐにつっ走った)

(38) I slid way *the hell* down in my chair. 25
(ぼくは，深々と自分の椅子にすわりこんだ)

最後の例の場合，way, the hell という強意語を取り去り，slid down に見られる 'sit down' との「意味の重層化」を，単層に還元してしまえば，結局，次のようなプロトタイプ的な文が得られる．

(39) I sat down in my chair.

次に，B 型の (the) hell out of は，「はなはだしく」(exceedingly, severely) というような意味をもっている．したがって，

(40) He scared (*the*) *hell out of* me.

という文は，概略，

(41) He scared me *exceedingly*.

とパラフレーズできるような意味をもっている．
ところで，この型の起源は，どのようなものだろうか．私は，国広哲弥氏の個人談話に従って，まず，(42a) のような「結果構文」[2] から，文中の 2

---

2. この型の構文は，すでに Shakespeare に見いだされる（なお，結果構文の詳細については本書第 13 章を参照）．
　　Poor Tom hath been *scared out of* his good wits:　(*King Lear* 4.1.59)
　　(かわいそうに，トムはおびえて度を失ってしまった)

語の位置を互いに置き替える**代換法** (hypallage) によって, (42b) の構文が生じたと説明したいと考えている.

 (42) a. scare *sb* out of <u>his wits/senses</u>
     （人をびっくりさせて度を失わせる）
   b. scare <u>the life/daylights</u>[3] out of *sb*
     （人をひどく怯えさせる）

(42) の両構文は, 次のようにパラフレーズすることができる.

 (43) a. drive sb out of his wits/senses by scaring
   b. drive the life/daylights out of sb by scaring

(43b) の類例を挙げてみよう.

 (44) a. beat <u>the daylights</u> out of *sb* （人をひどくたたきのめす）
   b. bite <u>the daylights</u> out of *sb* （人に盛んにかみつく）
 (45) a. frighten/scare <u>the life</u> out of *sb*
     （人をひどくこわがらせる）
   b. beat <u>the life</u> out of *sb* （人をひどくたたきのめす）
 (46) scare <u>the shit</u> out of *sb* （人をひどくこわがらせる）

のごとき一連のアメリカ語法 (Americanism) が造られ（いまでは〈英・俗〉になっている）, この daylights[3]（または life）の部分を, Holden 少年の愛用語 hell で置き替えたのが, 問題の B 型構文であるように思われる.[4]

---

 3. daylights は, Web[3] によれば, vital organs（身体の重要器官）; wits（思考力）の意味である.
 なお, このタイプの OED[2] の初例は, 1848 年の We'll catch the fever ... and that'll *shake the daylights out o'* us.（われわれは熱病にかかり, それでひどく狼狽するだろう）である.
 4. hell は, *Catcher* の主人公 Holden 少年の愛用語であって, たとえば, 彼は wish to God の代わりに wish to hell を, just for the fun of it（おもしろいから）の代わりに just for the hell of it を使用しているのである. ただし, B 型は〈米〉であって, Holden の個人語 (idiolect) ではない.

ここで気づかれることは，(42a) の *scare* sb *out of his wits* のタイプは，比較的固定しているのに対して，問題の (40) *scare* (*the*) *hell out of* sb のタイプはいちじるしく生産的 (productive) であることである．かりに，Jespersen (1924) に従って，前者を「**定型表現**」(formula) と呼び，後者を「**自由表現**」(free expression) と呼ぶなら，「定型表現」は自由に変形を許さないのに対して，「自由表現」の場合，scare の部分は，およそ人に影響を与える意味を表す他動詞なら，自由に交換して使用できるのである．「定型表現」から「自由表現」への変貌を遂げたとき，B 型構文は，それだけ，豊かな表現性と生産性を獲得したと言えるだろう．

第 4 章

'pat sb on the back' とその類型

4.1. A 型と B 型

「彼は，私の背中をポンとたたいた」という日本文を英訳すれば，次の 2 様の表現が得られる．

(1) a.　He patted *me on the back*.　　［A 型］
    b.　He patted *my back*.　　　　　［B 型］

この場合，通例，A 型のほうが，英語のいちじるしい特徴をなす「分解的な表現」——「人＋身体部位」の 2 要素に分解されている —— であるゆえをもって慣用的とされ，B 型のほうは〈まれ〉，悪くすれば，〈誤用〉とされている．[1]

確かに，手もとの用例に照らしてみても，A 型のほうがやや優勢のようであるが，しかし，B 型とても決して非英語的なものではなく，使用例も一般に考えられているよりもずっと多いということは注意されてよい．たと

1.　ドイツ語やフランス語でも，A 型が普通とされている．
　　(i)　a.　Er klopfte mich auf die Achsel.　（彼は，私の背中をたたいた）
　　　　b.　Er schlug dem Manne auf die Schulter.　（彼は，その男の肩をたたいた）
　　(ii)　a.　Je l'ai pris par la main.　（私は，彼の手を取った）
　　　　b.　Je le frappe à la joue.　（私は，彼のほおを打つ）

えば，Caldwell, *This Very Earth*; Henry Miller, *Nights of Love and Laughter*; Alberto Moravia, *Conjugal Love*, Spillane, *I, the Jury*; Jack Iams, *The Countess to Boot* の 5 冊の小説で両型の頻度数を調べた結果，下のような数字が得られた.

	Caldwell	Miller	Moravia	Spillane	Iams	計
A型	13	2	2	5	4	26
B型	3	3	5	3	3	17

見られるように，A型の頻度がやや優勢であるが，B型のそれも決してまれではない．A型とB型との比較にはいる前に，まず，両型の用例を，対照的に示しておく．

(2)　a.　Papa smiled and kissed *me on the forehead*.

(Selinko, *Désirée*)

（パパは，にっこりして，私のひたいにキスした）

　　　b.　he ... kissed *her forehead*. (Galsworthy, *The Apple Tree*)

（彼は，彼女のひたいにキスした）

(3)　a.　Arch Gunnard was getting ready to grab *Nancy by the tail*.　(Caldwell, *Kneel to the Rising Sun*)

（アーチ・ガナードは，ナンシーのしっぽを引っつかもうと手ぐすねひいていた）

　　　b.　Arch ... grabbed *Nancy's tail*.　(Ibid.)

（アーチは，ナンシーのしっぽを引っつかんだ）

(4)　a.　Mrs. Barton Trafford ... took *me by the hand*.

(Maugham, *Cakes and Ale*)

（バートン・トラフォードの奥さんは，私の手を取った）

　　　b.　Mrs. Driffield took *my hand* and shook it.　(Ibid.)

（ドリフィールドの奥さんは，私の手を取って握手した）

(5) a. He ... slapped *Gerry on the back*.

(J. Iams, *The Countess to Boot*)

（彼は，ゲリーの背をぴしゃっとたたいた）

b. I laughed and slapped *her hand*.

(Moravia, *Conjugal Love*)

（私は笑って，妻の手をぴしゃっとたたいた）

4.2. 両型の差

まず，'kiss her on the cheek'［A型］と，'kiss her cheek'［B型］とでは，動作の内容そのものには，いささかの相違もない．けれども，表現としては，A型はkissの対象を「人」とした言い方であり，B型はそれを「ほお」とした言い方であることが知られる．

そこで，一般論として，A型は「人」に力点を置いた――認知言語学的には，「人」がプロファイルされた――言い方で，したがって，「人」に全的な関心が寄せられる結果，しばしば感情的色彩 (emotional coloring) を帯びることがある，これに対して，B型は「身体の部分」に力点を置いた言い方で，したがって，感情的色彩を帯びることがない，と説明されるわけだが，[2] この説明は，一般論としては間違っていないと言えそうである．次の例を見られたい．

(6) When the old pedlar came up she leaned over and *kissed his cheek*. (Engstrand, *The Invaders*)

（その老行商人がそばへくると，彼女はかがんで，相手のほおにキスした）

(7) He *kissed his wife's hand* and was about to leave when she stopped him. (R. Edmonds, Tolstoy's *Anna Karenin*)

---

2. Cf. Zandvoort (1972: 139); Kruisinga (*Handbook* 2: 44-45); 江川 (1955: 21-22).

　　　　（彼は，妻の手にキスして立ち去ろうとしていたが，そのとき，
　　　　妻が呼び止めた）

(6) の揚合，接吻の行為は，婚姻の証人になってくれた行きずりの行商人に対するものであり，(7) の場合は，ロシア貴族の妻に対する日常のあいさつであり，どちらもお座なり (perfunctory) の行為であって，ただ，「ほお」とか「手」とかの「身体の部分」に接吻した，ということを客観的に述べているにすぎず，そこには「感情的色彩」は感じられない．

　これに対して，A 型の次の例では，行為者の関心は，身体の部分というよりも，むしろ，被行為者全体に向けられているのがうかがえる．

　　(8)　Then she looked up at him, the wide, young eyes blazing
　　　　with light.　And he bent down and *kissed her on the lips*.
　　　　　　　　　　　　　　　　　　　　　(Lawrence, *The Rainbow*)
　　　　（それから，女は彼を見上げた，大きな，みずみずしい目がキラ
　　　　キラと輝いている．彼は腰をかがめて，女のくちびるにキスし
　　　　た）

この揚合，'kissed her lips' という B 型表現は可能ではあるが，表現価値はいちじるしく低下するだろう．

　さて，A 型の場合，行為者の関心がもっぱら「人」に向けられ，「身体の部分」に向けられていないということは，「身体部位」を表す前置詞句が，(9), (10) のように，必ずしも表現される必要がないという事実からも察せられる．

　　(9)　he *patted her* reassuringly.　　(Caldwell, *This Very Earth*)
　　　　（彼は安心させるように，女を軽くたたいた）
　　(10)　*Kissing Sally* in the smoking-room!　(Woolf, *Mrs. Dalloway*)
　　　　（喫煙室でサリーにキスするなんて！）

このように，A 型は，行為者の関心が被行為者全体に寄せられている揚合に特にふさわしい表現であるから，行為者と被行為者とが同一人であるような場合は，当然，客観的な表現である B 型が選ばれることが予想され，事実，

第 4 章 'pat sb on the back' とその類型　　　　33

それは正しい．

(11) I cut my thoughts short and *slapped my leg*.

(Spillane, *I, the Jury*)

（私はあれこれ考えるのをよして，ぴしゃっとひざをたたいた）

(12) "You know," and I *tapped my head*.

(H. Miller, *Astrological Fricassee*)

（「わかってるでしょう」と言って，私は頭をたたいてみせた）

このような場合，slapped myself on the leg とか，tapped myself on the head とかのようには，あまり，言わないのではないだろうか．それは，次の Google でのヒット数からも，明らかである．

  slapped my leg　　約 1,400　　vs　　slapped myself on the leg　　3 例
  tapped my head　　約 1,970　　vs　　tapped myself on the head　　3 例

4.3. B 型と感情的色彩

しかし，A 型には常に「感情的色彩」が加わり，B 型には常にそれが加わらないと考えるのは早計であって，たとえば，次の数例においては，B 型でありながら，「感情的色彩」がこもっていることは，文脈に照らして明白である．

(13) <u>Tenderly</u> he *took Mr. Sansom's hand* <u>and put it against his cheek</u>.　　　　(Capote, *Other Voices, Other Rooms*)

（優しく彼はサンソム氏の手を取って，それをほおに押し当てた）

(14) <u>Pressing closer, he reached</u> and <u>with breathtaking delicacy</u>, *kissed her cheek*.　　　　(Ibid.)

（近くへにじり寄り，腕を伸ばすと，思わず息をのむような優しさをこめて，彼女のほおにキスした）

(15) Dan *grabbed his hand* and shook it <u>enthusiastically</u>.

(Caldwell, *This Very Earth*)

(ダンは，相手の手をぎゅっとつかんで，熱情をこめて握手した)

(16) he *looked* earnestly *in my face*.

(M. Lamb, *The Sailor Uncle*)

(そのかたは，私の顔をまじまじとごらんになりました)

結局，常に間違いなく言えることは，A 型は「人」を，B 型は「身体部位」をプロファイルした言い方である，ということである．

4.4. C 型の存在

次に問題にしたいのは，以上の A 型，B 型以外にも，pat sb on *his/her* back という，いわば，C 型がありはしないか，そして，もしあるとすれば，A 型，B 型の両型と比べて，どのような差異が見いだされるか，ということである．

さて，Saito (1932: 65) には，He looked me in *the* face (not — *my* face) とあり，市河(編) (1953²: 274) には，She looked me in *the* face の構文では，the を my に置き替えることは許されないとある．つまり，両書とも，C 型の存在を否定しているわけだが，しかし，これは，どう見ても両書の言いすぎとしなければならない．というのは，Kruisinga (*Handbook* 2: 257) は，つとに，人が目的語の場合は，通例，冠詞が用いられるが，常にそうとはかぎらない (When the person is the object we generally find the article used, but not invariably) と述べて，

(17) Brun ... tapped Arkwright *on his shoulder*.

(Walpole, *The Duchess of Wrexe*)

(ブルーンは，アークライトの肩をポンとたたいた)

という例を示しているし，手もとにも，次のような，C 型の用例が集まっているからである．

(18) He presumed in the gentlest manner to take her *by her hand*. (Lamb, *Tales from Shakespeare*)

(彼は思いきって，いとも優しく女の手を取った)

(19) She felt something choking her *in her throat*.
　　　　　　　　　　　(Wilde, *The Happy Prince and Other Stories*)
(彼女は，何か，のどに詰まってくるのを感じました)

(20) He kissed Agnes *on her cheek*. (Dickens, *David Copperfield*)
(彼は，アグネスのほおにキスした)

(21) two men held the horse *by his ears*.
　　　　　　　　　　　　　　　　(*New National Fourth Reader*)
(二人の男が，耳をつかんで馬を押えていた)

(22) Catch a nigger *by his toe*.
(黒んぼの足をおつかみなされ)［イギリスの数取り歌；「黒んぼ」，'nigger' の使用は，いまは社会的タブー］

4.5. C型の特質

　以上のように，C型は，確かに存在している．そして，その特質は，A型とB型とが混交 (blend) したような構文である点，そして，プロファイルされるのは，B型と同様，「身体部位」である点にある，と考えられる．たとえば，

(23) he hit her *on the face* with his open hand as hard as he could.　　　　　　　　　　(Caldwell, *This Very Earth*)
(彼は，力いっぱいに，妻の顔に平手打ちをくわせた)

というA型にあっては，"on the face" は慣用的な修飾語にすぎず——"face" に the が付いているのは，それが「身体部位」とみなされている証拠と言えよう——肝心の目的語は，「人」を示す "her" である．これに反して，

(24) the discus bounded again and struck the boy a cruel blow *on his white forehead*.　　　　(*Shorter English Readers* II)
(円盤がはね返って，無惨にも，少年の白いひたいに当たった)

というC型の場合，意味の重みは，"boy" よりも，"on his white forehead" という「身体部位」に置かれている．つまり，「彼の白いひたい」に加えられたからこそ，「無惨な打撃」と言えるのである．この際，所有代名詞 "his"，性質形容詞 "white" の使用が，"forehead" という名詞の個別的卓立 (prominence) に役立っていることを見のがすことはできない．

こうして，C型は，上の (24) の例とか，次の諸例のような，「身体部位」に white, right, little, bald, clean, rough, red などの性質形容詞 (qualifying adjective) が付いているような場合，特にふさわしい表現法となってくるのである．[3]

(25) but whosoever shall smite thee *on thy right cheek*, turn to him the other also. (*Matt.* 5: 39)
(もしだれかがあなたの右のほおを打ったら，ほかのほおをも向けてやりなさい)

(26) Take her *by her little head* and eat her quick.
(Alcott, *A Ghost Story*)
(あの子の小さい頭をつかんで，さっさと食べてしまいなさい)

(27) I kissed my uncle *on his bald forehead*.
(Maugham, *Cakes and Ale*)
(私は，おじさんのはげたひたいに接吻した)

(28) I ... kissed my son *on his clean little forehead*.
(Selinko, *Désirée*)
(私は，わが子のきれいな小さいひたいに接吻した)

(29) he kissed the maid *on her rough red cheek*.
(Burnet, *Little Lord Fauntleroy*)

---

3. ただし，身体部位に性質形容詞が付いている場合でも，the が生起している例もまれに見られる．
gripping him *by the sinewy throat*
(Joyce, *A Portrait of the Artist as a Young Man*)
(相手のたくましいのど首をつかんだまま)

（彼はメイドの荒れた赤いほおにキスした）

　以上を要するに，このＣ型は，意味の重みが「身体部位」に置かれている点でＢ型に似ているが，しかし，Ｂ型と違って，「人」と「身体部位」とが分解的に表現されているだけに，いっそう，「身体部位」にスポットライトを当てるのにうってつけの構文になっている，と結論してよい．

第 5 章

What I did, I started talking の構文

5.0. はじめに

　J. D. Salinger の *The Catcher in the Rye* は，16 歳の高校生 Holden Caulfield を主人公とする一人称小説であって，徹頭徹尾くだけた会話体で書き綴られている．そこには，多様な口語表現が見いだされるのであるが，ここでは，そのもっともいちじるしい特徴として，Holden 少年が口癖のように使用する，(1)のような構文をとりあげてみたい．[1]

　　(1)　*What I did*, I started talking, sort of out loud, to Allie.　104
　　　　（ぼくが何をしたかと言えば，ぼくはやや大声で，アリーに話しはじめた）

この文の 'What I did' が節であることは間違いないが，統語論的には占めるべき位置がなく，宙にぶら下がっているように思われる．この "ぶら下がり節"（dangling clause）を，どう位置づければよいだろうか．
　まず，実例をいくつかのタイプに分類して，挙げてみよう．

　1.　テクストは Penguin 版，文尾の数字はページを示す．

第5章　What I did, I started talking の構文

5.1. What I did のタイプ

疑問詞 what にみちびかれ，節中の動詞はすべて did である．のちに触れる §§5.2, 5.3, 5.4 のタイプの場合も同様であるが，so, then, finally, though などのごとき**談話標識語** (discourse marker) を伴うことが多い（以下，談話標識語には下線を施す）．

(2) so *what I did*, I went to the movies at Radio City.　142
（そこで，ぼくがどうしたかと言えば，ぼくはラジオ・シティーへ映画を見にいった）

(3) Then *what I did*, I went down near the lagoon.　162
（それから，ぼくがどうしたかと言えば，ぼくは潟(かた)の近くへ下りていった）

(4) So *what I did* finally, I gave old Carl Luce a buzz.　142
（で，とうとう，ぼくがどうしたかと言えば，ぼくはカール・ルースのやつに電話した）

(5) Finally, *what he did*, instead of taking back what he said, he jumped out the window.　177
（とうとう，彼がどうしたかと言えば，彼は前言を取り消さずに，窓から外へ飛び出してしまった）

(6) Then *what she did* ... she reached in my coat pocket and took out my red hunting hat and put it on my head.　218
（それから，妹がどうしたかと言えば，妹はぼくの上着のポケットに手を伸ばし，ぼくの赤いハンチングを取り出すと，ぼくの頭にかぶせた）

(7) *What they did*, though, the three of them, when I did it, they started giggling like morons.　74
（でも，ぼくがそうしてみせると，3人ともどうしたかと言えば，ばかみたいにクスクス笑いだした）

節中の動詞が，did によって強調されている場合もある．

(8) *What I did do*, I gave old Sally Hayes a buzz.　111
(事実，ぼくがどうしたかと言えば，ぼくはサリー・ヘイズのやつに電話をした)

(9) *What I did do*, though, I told the waiter to ask old Ernie if he'd care to join me for a drink.　91
(でも，ぼくが実際どうしたかと言えば，ウェイターに言って，アーニーに一杯つき合わないか，と訊いてもらった)

5.2.　What I may do, I may … のタイプ

§5.1 のタイプと同様，節はやはり what にみちびかれるが，このタイプでは，'What I may do, I may …' のごとき奇妙なくりかえしが注目される．節中の動詞は，通例，法助動詞および do を含むが，そのほかに，本動詞がそっくり重畳される場合もある．

(10) *What I may do, I may* hate them for a little while.　194
(ぼくがどうするかもしれないかと言えば，ちょっとの間は，やつらを憎むかもしれないさ)

(11) *What I might do, I might* say something very cutting and snotty, to rile him up.　94
(ひょっとしてぼくが何をするかもしれないかと言えば，ぼくはすごく痛烈で生意気なことを言って，やつをじらすかもしれない)

(12) *What I'll do, I'll* probably stay at Mr. Antolini's house till maybe Tuesday night.　185
(ぼくがどうするつもりかと言えば，ぼくはたぶん，アントリーニ先生の所へ泊るだろう，まあ火曜日の晩までね)

(13) *What I'd do, I'd* let old Phoebe come out and visit me in the summer-time.　211
(ぼくがどうしたいかと言えば，ぼくは夏場にはフィービーに遊

第 5 章　What I did, I started talking の構文

びに来てもらいたいんだ）

次は，節中に法助動詞を含まず，本動詞が重畳される例である．

(14) *What I have to do*, *I have to* catch everybody if they start to go over the cliff.　180
（ぼくがどうしなければならないかと言えば，ぼくはみんなが崖を落ちそうになったら，つかまえてやらなければならないんだ）

(15) Finally *what I felt like*, *I felt like* giving old Jane a buzz.　156
（とうとう，ぼくがどうしたくなったかと言えば，ぼくはジェーンに電話をかけたくなった）

(16) Finally, *what I decided to do*, *I decided* I'd go away.　205
（とうとう，ぼくがどんな決心をしたかと言えば，ぼくはよそへ行ってしまおうと決心した）[2]

(17) *what I wanted to do*, *I wanted to* phone up this guy.　180
（ぼくが何をしたかったかと言えば，ぼくはその男を電話で呼び出したかった）

(18) *What it was*, *it was* Mr. Antolini's hand.　199
（それが何だったかと言うと，それは，アントリーニ先生の手だった）

(19) *What I thought I'd do*, *I thought I'd* go downstairs.　71
（ぼくがどうしようと思ったかと言えば，ぼくは階下へ降りていこうと思った）

(20) So finally *what I figured I'd do*, *I figured* I'd better sneak home and see her.　163
（そこで，とうとう，ぼくがどうしようと考えたかと言えば，ぼくはこっそり家へ帰って，妹に会ったほうがいいと考えた）

---

2. 次の例では，I decided が節の外にあるが，目的語は依然として I'd get the hell out of Pencey と解さなければならない．
　　All of a sudden *I decided what I'd really do*, *I'd get* the hell out of Pencey.　54
　　（突然，ぼくがほんとにすることは，ペンシー校からおん出ていくことだと決心した）

次の例の I figured の位置と比較されたい．

(21) *What I'd do*, I figured, *I'd* go down to the Holland Tunnel. 205
(ぼくが何をするかと言えば，ぼくはオランダ・トンネルに下りて行くんだ，と考えた)

5.3. What I did *was* のタイプ

このタイプは，§§5.1, 5.2 のタイプとパラレルな構文であるが，節が was という述語動詞を伴っている点が，これらと異なる．節をみちびくものは，依然として，疑問詞 what である．

(22) *What I did **was***, *I went* up to the window.　217
(ぼくがどうしたかと言えば，ぼくは窓の所まで行ってみた)

(23) So *what I did **was***, *I went* over and bought two orchestra seats.　123
(そこで，ぼくがどうしたかと言えば，ぼくは出かけていって，一階前列の席を2枚買った)

(24) *What he did **was***, Richard Kinsella, *he'd* start telling you all about that stuff.　191
(リチャード・キンセラ，彼がどうしたかと言えば，彼はそんなたわごとを洗いざらい話しだしたものだ)

(25) *What he'd do **was***, *he'd* start snowing his date in this very quiet, sincere voice.　53
(彼がどうしたかと言えば，彼は，こう，すごく落ち着いた，大まじめな声で，デートしてる女の子におべんちゃらを言いはじめたのだ)

以下は，be 動詞の存在を除けば，§5.2 とパラレルな構文である．

(26) *What I'll have to do **is***, *I'll have to* read that play.　124

(ぼくが何をしなければならないかと言えば，ぼくはその戯曲を読まなければならないんだ)

(27) *What he was doing **was**, he was sitting* on the floor right next to the couch.　199

(彼が何をしていたかと言えば，彼は床の上，ソファーのすぐ隣にすわっていたのだ)

5.4.　All I did *was* のタイプ

このタイプは，節が all にみちびかれていること，常に述語動詞 was を伴うことを特色とする．[3]

(28) *All I did **was**, I got up* and went over and looked out the window.　51
(ぼくがしたことは，ただ，立ち上がって，そちらへ行き，窓の外を見ただけだった)

(29) <u>So</u> finally *all I did **was**, I walked* over to Lexington.　201
(そこで，とうとう，ぼくがしたことは，レキシントン駅へ歩いて行っただけだ)

(30) *All she did **was**, she took off* my red hunting hat.　214
(妹がしたことは，ただ，ぼくの赤いハンチングを脱がせただけだった)

(31) <u>but</u> *all I did **was**, I took the pieces out of the envelope and put them in my coat pocket.　160
(しかし，ぼくがしたのは，ただ，袋からかけらを取り出し，上着のポケットへ入れただけだった)

---

3. All の場合，be 動詞を伴わない例はない．なお，is の起こる可能性はあるが，Holden 少年は使用していない．

5.5. what, all 以外の語にみちびかれるタイプ

このタイプでは,節は is, was を伴わない.(32),(33) の例では,節中の動詞が繰り返されている.

(32) *Where I lived* at Pencey, *I lived* in the Ossenburger Memorial Wing of the new dorms.　20
（ぼくがペンシーのどこに住んでいたかと言えば,ぼくは新寮のオッセンバーガー記念棟に住んでいた）

(33) *The thing he was afraid of*, *he was afraid* somebody'd say something smarter than he had.　153
（彼が心配していたことはと言えば,彼はだれかが自分よりももっと気の利いたことを言いやしないかと心配していた）

(34) *The one thing I did*, though, I was careful as hell not to get boisterous or anything.　156
（しかし,一つだけぼくがしたのは,ばか騒ぎなんかしないように,すごく気をつけることだった）

(35) *Something else she does*, she writes books all the time.　72
（ほかに妹がしていることと言えば,彼女は始終,本を書いている）

(36) *The first thing I did* when I got off at Pen Station, I went into this phone booth.　63
（ペン駅で降りて,ぼくがいの一番にしたことは,こんな電話ボックスへはいって行ったことだった）

5.6. 機能と起源

さて,以上のような,いわば,"ぶら下がり節"(dangling clause) をどう説明すればよいのか.まず,'what I did' を後続する文と外位置 (extraposition) の関係に立つ名詞節とする見方が出てこよう（某アメリカ人教授

第 5 章　What I did, I started talking の構文　　　　　45

の意見)．この見方は，§§5.1, 5.2 のタイプについては，ひとつの解釈にはなるかもしれない．立つ瀬のない節に "外位置" という位置を与えてやるわけである．しかし，この見解は，§§5.3, 5.4 のような，節が is または was を伴う場合を説明することができない．

　さて，以上いくつかのタイプに分けはしたが，これらは結局は，同じ発想に基づく，パラレルな構文であると解される．次のような，§§5.1, 5.2 のタイプと，§§5.3, 5.4 のタイプとを比較すれば，両者間の平行性は明白であろう．

(37) a. So *what I did*, I wrote about my brother.　41
　　　　(そこで，ぼくがどうしたかと言えば，ぼくは兄のことを書いた)

　　　b. So *what I did was*, I went down the hall.　56
　　　　(そこで，ぼくがどうしたかと言えば，ぼくはホールを通っていった)

(38) a. Then *what he did*, he snapped his finger very hard on my pyjamas.　108
　　　　(次に，やつが何をしたかと言えば，やつは指先でしたたかぼくのパジャマをはじいた)

　　　b. *What he did was*, he came in our room and knocked on the door.　175
　　　　(彼が何をしたかと言えば，彼はぼくらの室へはいって来て，ドアをノックした)

(39) a. Then *what happened*, a couple of days later I saw Jane lying on her stomach next to the swimming-pool, at the club.　81
　　　　(それから，何が起こったかと言えば，2, 3 日のち，ぼくは，ジェーンがクラブのプールのそばに，腹ばいになっているのを見た)

　　　b. Anyway, *what happened was*, one day Bobby and I were

going over to Lake Sedebego on our bikes.　104

(とにかく，何が起こったかと言えば，ある日のこと，ボビーとぼくは，セデベゴ湖へサイクリングしようとしていた)

(40)　a.　I figured *what I'd do*, *I'd* sneak in the apartment.　163

(ぼくが何をしようと思ったかと言えば，ぼくはアパートにこっそりはいってやろうと思った)

　　　b.　I figured *what I'd do* **was**, *I'd* check the crazy suitcase.　213

(ぼくが何をしようと思ったかと言えば，ぼくはそのいまいましいスーツケースをチッキで預けようと思った)

さて，このような同一発想に基づくパラレルな構文において，§§5.3, 5.4 のタイプのように，is/was が起こる場合があるということは，とりも直さず，"what I did" などの節が「主語節」として話し手に意識されている証左ではないだろうか．すなわち，発生的には，これらの構文は，次のような構文の類推 (analogy) から生じたものと解される．

(41)　*The thing is*, it isn't mine, the money!　99

(実は，それぼくのじゃないんです，その金は)

(42)　*The trouble was*, I could hardly breathe.　109

(困ったことに，なかなか息をすることができなかった)

(43)　*The funny part was*, though, we were the worst skaters on the whole goddam rink.　119

(でも，おかしかったことに，そのくそリンクじゅうで，ぼくらが一番スケートがへただった)

(44)　*All you knew was*, you were happy.　84

(わかっていることは，ただ，仕合わせだということだった)

(45)　But *what I mean is*, lots of times you don't know what interests you most.　192

(しかし，ぼくの言いたいのは，多くの場合，自分が何に一番興味をもっているのかわからないということだ)

これらは，補語節に that が省略されている，と説明される文法的な構文である．この類推が，さらに，is/was を欠いた §§ 5.1, 5.2, 5.5 のタイプにまで強引に及ぼされるとき，われわれに若干の奇異な感じを与える構文になってくる．その結果，主語節になりそこねた，これら"ぶら下がり節"は，文修飾語として機能するにいたるのである．

それにしても，なぜ，このような奇妙な構文が生じたのであろうか．それは，'what I did (was)' のあとに水平連接 (level juncture) を置くことによって，主節で新情報を伝えるまで，聞き手にサスペンス感をいだかせる効果を挙げるためと言えるだろう．

最後に，日本語では，池波正太郎がこれに似た構文をよく用いることを指摘しておきたい．

(46) a. たしかに，見おぼえがある．<u>何で見おぼえたかというと，人相書の顔絵で見おぼえていたのだ</u>．　　　（『迷路』）
b. 小兵衛は先ず竹の杖を投げつけた．<u>だれに投げつけたかというと，酒井浪人に投げつけた</u>．（『剣客商売「十番斬り」』）

＊

この小論を『英語青年』（第 111 巻 12 号）で読んだ渡辺和幸氏（当時アメリカに留学中）は，同じ雑誌の Eigo Club に，What happened, I saw Jane lying on her stomach は，筆者の説のとおり，What happened *was that* I saw Jane lying on her stomach. が省略された形と native speakers は解釈していること，また，この構文は，ずっと以前から特に高校生などが仲間同士で話すときに用いたくだけた構文のようで，New York 州の Albany 高校の社会科教師によれば，いわゆる不良少年 (hoodlum) が好んで使う英語であるとのこと，という貴重な意見を寄せられた．けれども，Lydbury Grammar Clinic の Jack Wickerson 氏によれば，この構文は古くからのもので，現在，教養ある人びともよく使用しているとのことである．

第 6 章

'do + the -ing' の構造

6.1. 使用区分

　現代の英語，ことにアメリカ英語において多用される 'do the -ing' の構造が，だいぶ前の『英語青年』で問題になって結論が出ないままになっているが，まず第 1 に指摘しておきたいことは，この構造は，一部の人びとが考えているように，[1] アメリカ英語に特有の語法では決してない，ということである．手もとにも，次のような，イギリスの作家からの用例が集まっている．

　　(1)　You might have *done the wading* yourself.
　　　　　　　　　　　　　　(Hughes, *Tom Brown's School Days*)
　　　　(君こそ川を歩いて渡ってくれてもよかったのさ)
　　(2)　It was Mary who *did the talking*.　(Lawrence, *The Ladybird*)
　　　　(話をしたのは，メアリーだった)
　　(3)　he *did* all *the paying*.　　　　　(Doyle, *A Study in Scarlet*)
　　　　(彼がその支払いを全部すませた)
　　(4)　You come with me and *do the talking*.

---

1. たとえば, 尾上 (1957: 10), 藤井 (1955: 71).

(Doyle, *The Poison Belt*)
(いっしょに来て，話をしてくれたまえ)
(5) He's much more likely to *do the tickling*.
(Doyle, *The Lost World*)
(やっこさんのほうが，ずっと喜ばせてくれそうだぜ)
(6) it wasn't he who'd *done the killing*.　(Greene, *Brighton Rock*)
(殺しをやったのは，あの男じゃない)
(7) it was others who had *done the finding*.　　　(Ibid.)
(見つけたのは，ほかの連中だった)

以上見たとおり，この構造にアメリカ語法（Americanism）というレッテルを貼るのは誤りであることがわかる．

さて，これから，この構造の正体を突きとめてみたいと思うのだが，議論の焦点は，要するに，定冠詞 the の性格と，動詞 do の意味の 2 点に絞ることができるように思われる．

6.2.　the の性格

これを，(i) 逆行照応的（anaphoric）な the とする意見と，(ii) It may be had for *the* asking（それは，くれと言えばもらえる）におけるような慣用的（idiomatic）なものとする意見とが出されているが，筆者としては，そのどちらにも賛成することができない．というのは，もしも (i) のように「逆行照応的」な the であるとするならば，

(8)　Jane has a cat.　*The* cat is a tabby.
　　（ジェーンは，猫を飼っている．その猫は，トラ猫だ）

に見られるように，前出の語句と関係をもつ用法でなければならないが，この構造における the は，あとで見るように，はじめて話題にのぼる事柄についても自由に用いられているからである．

また，(ii) のように，「慣用的」な the であるとするならば，次のような言い方においても，当然，the がついていてよいはずであるが，実は，この

構造にとって the は不可欠ではないのである.

- (9) a. *do* char*ring* 〈英〉（家庭の雑用をする）
  b. *do* lectur*ing*／review*ing*／writ*ing*
- (10) The person who *does copying*　　　(Dickens, *Bleak House*)
  （複写をする人）
- (11) Have you *done nursing* long?

　　　　　　　　　　　　(Hemingway, *A Farewell to Arms*)
（君は, 長いこと看護をしてきたの）［職業として］

(9b) について,『新大英和⁶』が「（職業的に）講演／評論／執筆をする」と述べ,『ジーニアス大英和』の do の項に,「the などを用いず do lecturing とするのは「（職業として）講義をする」の意」とあるように, (9)-(11) の例は, すべて「職業として…する」の意味を表している.

さて, 私見では, この the は, 逆行指示でも, 順行指示でもなく, Please shut *the* door の場合に見られるような, **状況的基礎** (situational basis) によって限定された the である. したがって, do writing と do the writing との差は, 前者が一般的な場合に用いられ, 後者が特定の場合に用いられる, という点にあるにすぎない. 例を挙げてみよう.

- (12) "But Noble —"　"Shut up! I'm *doing the talking* now! …."

　　　　　　　　　　　　(Caldwell, *This Very Earth*)
（「でも, ノーブル──」「やかましい！ いまはおれが話をしてるんだぞ」）［現在行われている, の意］
- (13) No, don't say anything. I'm *doing the talking*.

　　　　　　　　　　　　(E. Chamberlaine, *The Far Command*)
（いや, 何も言わなくてもよろしい. 私が話をしているのです）
［同上］
- (14) Not a word, Mike. Let me *do the liking*.

　　　　　　　　　　　　(Spillane, *My Gun Is Quick*)
（何も言わないで, マイク. 愛するのは, あたしにさせてちょうだい）［二人の間の, の意］

(15) Is Bob Hopper *doing the running* yet? (Spillane, *I, the Jury*)
   (ボブ・ホパーがまだ経営をやってるのかい)［この店の，の意］

(16) "Well, I ain't going to *do* all *the digging*," Big Joe said.
                                             (Steinbeck, *Tortilla Flat*)
   (「とにかく，おれは掘るのを全部やるつもりはねえな」と大男のジョーが言った)［今話題になっている，の意］

このように，「情況的基礎」さえあれば，既出の語句と関係がない場合も，いきなり，the を用いることを一向に妨げないのである．そして，そういう情況 (situation) がいっそう顕示的 (explicit) にされたのが，次のような，the の代わりに人称代名詞の所有格を用いた例であると解される．[2]

(17) I'm not *doing **your** thinking* for you.
                                             (Caldwell, *This Very Earth*)
   (おれは，お前の代わりに考えてやってるんじゃない)

(18) I'll *do **my own** checking* when I'm up, Pat.
                                             (Spillane, *Kiss Me, Deadly*)
   (起きたら自分で当たってみるさ，パット)

(19) Then she had to rush out as quickly as she could and *do **her** marketing*.   (Joyce, *Dubliners*)
   (すると，彼女は大急ぎで出ていって，買い物をしなければならなかった)

(20) She went down and *did **his** bidding*. (Christie, *The Big Four*)
   (彼女は，降りて行って，男の言うとおりにした)

6.3. do の意味

この構造に起こる do について，斎藤秀三郎の『携帯英和辞典』の do の

---

2. ここで，床屋の使う Shall I take a little off *the* beard, sir? (おひげを少し切りましょうか) という文句を想起されたい．Sweet (1898: 57) は，この the は your の代用形であるとしている．

項に,「特別用法」として,「(何の)役目をする,(何)方をする (do the eating/do the paying)」とあるように,「... の役目をする」の意であるという解釈が出ているが,筆者は,この do が「... の役目をする」の意であるとは思わないし,ましてや,それが「特別用法」であるとは思わない.なぜなら,

> (21) The younger and slighter of the two sentries had been the one *doing the coughing*.
> (Wilson, *The Man in Gray Flannel Suit*)
> (二人の歩哨のうち,若くてやせたほうが,咳をしていた者だった)
>
> (22) Let me *do* all *the worrying* that needs to be done.
> (Caldwell, *Gretta*)
> (しなくちゃいけない心配は,全部,私にさせてください)

のような場合,「心配をする役目」というのは,なんともおかしな役目であるし,「咳をする役目」にいたっては,滑稽をさえ超えた役目だからである.

私見では,ここの do は,もっとも一般的な「する」という意味を表す do 以外の何ものでもない (cf. OED[2] s.v. *Do* 12; Poutsma 1928: 101).すなわち,do という動詞は,日本語の「スル」という動詞と同様,一般的・抽象的な動作を示すのみで,なんら具体的な内容を表すことができない.そこで,その不明確な意味を,*do* writing = write / *do* battle = fight のように,後続する動名詞または動作名詞で明確にしたのが,本構造の正体であると解されるのである.

さて,このように,do は一般的・抽象的な意味しか表しえないので,特殊な意味を表したい場合には,次のように,当然,明確な意味をもった動詞で置き替えられることになる.

> (23) Then I'll *start the smiting*. (Doyle, *A Study in Scarlet*)
> (私が打つことを始めよう)

(24) They *started their smiling* when they saw Michael.

(Spillane, *Kiss Me, Deadly*)

(彼らは，マィケルを見ると，にこにこしはじめた)

6.4. この構造の特質と類型

以上，この小論で明らかにされたことは，次の3点である．

- *1)* この構造は，決してアメリカ英語に特有の語法ではないこと
- *2)* 定冠詞 the は，この構造の本質的要素ではないこと，つまり，the が起こるのは「情況的基礎」が与えられている場合にかぎるのであって，一般的な場合には the は起こらないこと
- *3)* do の意味は，もっとも一般的な「する」という意味以外の何ものでもないこと

そして，この構造の「特質」として，次の2点，すなわち，第1に，do があらゆる動名詞（または動作名詞）と結合することによって，英語表現の柔軟性にいちじるしく寄与していること，第2に，たとえば，swim よりも have a swim のほうが，英語に愛用される名詞表現であり，かつ，口語的・具体的であるように，listen よりも，*do the listening* (Caldwell, *Gretta*) のほうが，分析的，かつ具体的な名詞表現であり，ために，いっそう口語精神に合致した言い方になっていること，を挙げることができよう．

最後に，この構造には，次のような「類型」が見られることを付記しておきたい．1) がもっとも基本的な言い方であり，2) 以下はその異形 (variant) であるが，使用頻度が高いのは，2) である．

- *1)* 「do＋動名詞（または動作名詞）」： *eg* do writing/do battle
- *2)* 「do＋the 動名詞」： *eg* do the writing
- *3)* 「do＋one's 動名詞」： *eg* do one's writing
- *4)* 「do＋some, etc. 動名詞」： *eg* do some/any/etc. walking
- *5)* 「do＋a 動作名詞」： *eg* do a smoke

6)　「do＋複数動作名詞」： *eg* do repairs

1), 2) (これが，小論のいとぐちとなった)，3) の用例はすでに引用ずみであるので，ここでは，4), 5), 6) の用例を少しずつ引用するにとどめる．
　4) には，いろいろな下位タイプが見いだされる．

(25)　Mrs. St. Clair … *did some shopping*.
　　　　　　　(Doyle, *The Adventures of Sherlock Holmes*)
　　(セント・クレア夫人は，少し買い物をした)

(26)　I am going to *do a great deal of telephoning*.
　　　　　　　(E. Taylor, *A View of the Harbour*)
　　(あたし，ずいぶんとお電話するつもりなの)

疑問文では，some は，当然，any となる．

(27)　Did you *do any writing*?　　　　　　(Ibid.)
　　(少しは書き物をしましたか)

次は，5) の例である．

(28)　Well, I was sitting *doing a smoke*.
　　　　　　　(Doyle, *The Memoirs of Sherlock Holmes*)
　　(さて，私は腰をおろして，一服していました)

最後に，6) の do が複数動作名詞をとる例である．

(29)　a.　*do trifling repairs* to waggons　　(Law Reports) [OED²]
　　　　　(荷馬車をちょっと修繕する)
　　　b.　The other driver *did damages* to his car.　　(Google)
　　　　　(相手方の運転手が彼の車に損害を与えた)

第7章

'say, talk, etc. to oneself'

7.1. say to oneself

この言い方の中核的な意味は,「自分に言いきかせる」である.つまり,自分が話し相手なのである.一般には,

- (i) 「心のなかで考える」とする説:たとえば,Asahi Evening News において,Sargeant 氏は,say to oneself という言い方では,"Nothing is actually said. It is a question of 'thinking' only."と答えている.
- (ii) 「ひとりごとを言う」とする説:たいていの英和辞典.
- (iii) (i) の意味が普通で,(ii) の意味は「まず例外的」とする説:日本人某教授の意見が行なわれているようであるが,これらの説は,いったい,どれほどの妥当性をもっているのだろうか.

7.1.1. 「ひとりごとを言う」の場合

say to oneself という行為が発言を伴っている場合は,「ひとりごとを言う」と訳すことができる.

(1) he heard the giant walking up and down in the next room, *saying to himself*, "Although you lodge with me tonight, be-

fore tomorrow morning I shall kill you with my club."

(Jack the Giant-Killer)

(彼は大男が隣の部屋の中を行きつ戻りつしながら,「お前さんは今夜おれの家に泊っているが,夜が明けないうちに,おれの棍棒でお陀仏させてやるからな」とひとりごとを言っているのを聞きました)

(2) Alice <u>heard</u> it *say to itself*, "Then I'll go round and get in at the window." (Carroll, *Alice's Adventures in Wonderland*)

(アリスは,それが「じゃあ,ぐるっと回ってあの窓からはいってやろう」とひとりごとを言っているのを聞きました)

(3) nor did Alice think it so very much out of the way to <u>hear</u> the Rabbit *say to itself*, "Oh dear! Oh dear! I shall be late!" (Ibid.)

(また,アリスは,ウサギが「ああ困ったわい,困ったわい.遅れてしまうぞ」とひとりごとを言っているのを聞いても,そんなに奇妙だとは思いませんでした)

(4) "What fun," *said* the Gryphon half *to itself*, half *to Alice*.

(Ibid.)

(「なんというおもしろさ」とグリフォンは,半ばひとりごとのように,半ばアリスに言うように,申しました)

(5) I *said* <u>softly</u> *to myself* the word paralysis. It had always <u>sounded strangely</u> in my ears. (Joyce, *Dubliners*)

(私は,小声で「麻痺」ということばをひとりごちてみた.そのことばは,私の耳にはいつも奇妙に響くのだった)

(6) He *said*, <u>in a softer tone</u>, <u>almost</u> *to himself*, "Knighton — I wonder what's in the wind now?" (Christie, *Blue Train*)

(彼は,前よりも穏やかな口調で,まるでひとりごとのように,「ナイトンか——いったい,何が起こっているのだろうか」と言った)

(7) "He shall marry Ruth," he *said* by-and-by, *to himself* <u>and not</u>

to me. (Blackmore, *Lorna Doone*)
(「あの男は，ルースといっしょにさせよう」と彼は，やがて私に話しかけるというよりも，ひとりごとのように言った）

　さて，以上の諸例では，say to oneself という行為が発言を伴っていることは，文脈に照らして明らかであり，この場合は，「ひとりごとを言う」と訳してさしつかえないし，しかも，その場合は決してまれではない．したがって，(i) の説は，「ひとりごとを言う」という意味を締め出した点において，一方的と言うべく，また，(iii) の説は，この意味を「まず例外的」とする点において，独断におちいっている，と言わなければならない．

7.1.2. 「心の中で考える」の場合
　一方，say to oneself という行為が発言を伴っていない場合は，もちろんあるわけで，この場合は，「心の中で考える」と訳してさしつかえない．

(8) 'Good heavens!' *said* the Duchess *to herself*, 'he is a sort of chiropodist after all.' (Wilde, *Lord Arthur Savile's Crime*)
（「あらまあ」と公爵夫人は，心の中で考えた．「この人，結局，足治療医みたいなもんだわ」）［相手の面前で］

(9) "This fellow may be very clever," I *said to myself*, "but he is certainly very conceited." (Doyle, *A Study in Scarlet*)
（「この男は，たいへん利口かもしれないが，また確かに，ひどいうぬぼれ屋でもある」と私は，心の中で考えた）［同上］

　以上，(8)，(9) の例では，say to oneself という行為は，いずれも相手を前にして行なわれている以上，当然，発言を伴わなかったと見なければならない．このような場合，「ひとりごとを言う」は不可であり，むしろ「心の中で考える」のほうが当たっている．したがって，この意味を認めようとしない (ii) の説も，これまた半面の真理しかとらえていないと言うべきである．

7.1.3. どちらとも決しがたい場合
　以上のように，say to oneself が，日本語でふた通りに訳せることは明白

であるが，問題は，そのいずれに当たるかの決め手がない場合が多い，ということであろう．そこで，「自分に言いきかせる」という訳語が，両義を止揚していると同時に，中核的意味をも表しているという意味において，なおさら適切になってくるのである．

(10) You are an old man *saying to himself*, "I have tasted all things." (Faulkner, *The Unvanquished*)
(お前は，「おれはあらゆることを味わった」と自分に言いきかせている老人みたいなものだ)

(11) 'The light's going,' Bertram *said to himself*.
(E. Taylor, *A View of Harbour*)
(「灯が消えていく」とバートラムは，自分に言いきかせた)

要するに，say to oneself の中核的意味は，「自分に言いきかせる」であり，「心の中で考える」とか，「ひとりごとを言う」とかは，文脈的意味であり，訳出の好みに属すると言ってさしつかえない．

7.2. talk/speak to oneself

これらの言い方は，say to oneself とは異なり，つねに発言を伴っていて，[1] ともに「ひとりごとを言う」の意であるとされる．おおむね，それでさしつかえないが，ただ，下記の用例のように，自分以外にも話しかける相手がいる場合は，「ひとりごとを言う」は矛盾語法になってくる．けだし，これらの言い方の本質的意味は，「自分に話しかける」であるからである．

(12) Holmes ... began *talking*, rather *to himself*, as it seemed, than to us. (Doyle, *The Adventures of Sherlock Holmes*)
(ホームズは，私たちというよりも，むしろ，自分に話しかける

---

[1] たとえば，I knew, by overhearing him *talking to himself*, that he was pretty badly frightened. (Bierce, *In the Midst of Life*) (彼が，こっぴどく肝を冷やした，とひとりごとを言っているのを，ふと耳にした)

第 7 章　'say, talk, etc. to oneself'　　　　　59

ように，口を切った)

(13) "Yes," said Cedric, half *speaking to himself*. (Scott, *Ivanhoe*)
(「さよう」とセドリックは，半ば自分に話すように，言った)

(14) He ... *spoke* gently, more *to himself* than to valet.

(Christie, *Blue Train*)

(彼は，従僕というよりも，むしろ，自分に話しかけるように，小声で話した)

7.3.　類　型

最後に，「動詞＋to oneself」の種々の類型を，各1例ずつ挙げておく．第1例の think to oneself は，文字どおり，「心の中で思う」であり，それ以外の意味をもたない．その他の用例における to oneself は，いずれも「自分に向かって」が根本義であるが，訳語としては，「ひとりで」とか，「ひそかに」としたほうがすわりのよい場合が多い．

(15) 'Poor old fellow,' he *thought to himself*.

(Wilde, *The Model Millionaire*)

(「哀れな老人だ」と彼は，心の中で思った)

(16) he ... kept *chuckling to himself*. (Ibid.)
(彼は，ひとりでクツクツ笑い続けた)

(17) He *frowned to himself*. (Christie, *Blue Train*)
(彼は，ひそかに顔をしかめた)

(18) Holmes *laughed* softly *to himself*.

(Doyle, *The Adventures of Sherlock Holmes*)

(ホームズは，ひそかに小声で笑った)

(19) He *sang to himself* in this gallant determination.

(Gissing, *The House of Cobwebs*)

(彼は，この雄々しい決心をして，ひとりで歌を口ずさんだ)

(20) He *smiled to himself*. (Ibid.)
(彼は，ひそかににんまりした)

第 8 章

「All is 抽象名詞」の構文

8.1. 用　例

Gissing の *The Private Papers of Henry Ryecroft* の "Autumn" 18 に，次のような文章が見える．

(1) *All* between, through the soft circling of the dial's shadow, *was loveliness and quiet* unutterable.
　　（この1日，日時計の影がゆるやかにめぐる間，いっさいは，えも言えず美しく，また静かだった）

ここのイタリック体の部分は，新潮文庫の訳文では，「えも言われぬ美しさと静けさとがあった」となっている．つまり，"All between" を副詞句，"loveliness and quiet" を主語，"was" を 'there was' の意味の完全自動詞と解しているわけである．英米文学叢書の注には，「All between 'その間——日の出から日没までの1日中'」とあるから，やはり，これを副詞句と見ているらしい．その他，筆者が当たってみたかぎりでは，どの注釈者も，そう解しているようであった．

しかし，むしろ，"All" が主語，"loveliness and quiet" は "was" の補語と解するべきではないか，と筆者は考える．その理由は，二つある．一つは，副詞句が前位 (front position) をとったために，'there is' の there を省略

第8章 「All is 抽象名詞」の構文

することができるのは，

> (2) *Beyond the river* was a large plain.　　　　(Butler, *Erewhon*)
> （その川の向こうには，広々とした平原があった）

のように，その副詞句が場所的な意味（local meaning）をもっている場合にかぎる，ということである．[1]　もう一つは，all が主語の場合，

> (3) *all* is *vanity*.　　　　(*Eccles*. 1: 2)
> （いっさいは空である）

のように，抽象名詞の補語をとることは，古来，きわめて普通の現象である，ということである．

さて，*He is *kindness*/*I am *happiness* のような言い方が非文法的であるのに反して，上のように，all を主語とする場合には，しばしば抽象名詞が述詞（predicative）（＝主語補語）として用いられるということは，注目に値する事実ではないだろうか．この構文を考察するに先立って，まず，手もとにある用例を観察しておこう．

> (4) The day was calm, the air soft, and *all* was *rudeness*, *silence*, and *solitude*.　　　(Johnson, *A Journey to the Western Islands*)
> （日は穏やかで，空気は和み，どこもかしこも素朴で，静かで，孤独だった）
>
> (5) and then *all* is *madness*.　　　(Poe, *The Pit and Pendulum*)
> （それからは，まったくの狂気だ）
>
> (6) *All* was *cheerfulness* and *good humour* in our visits to mamma, as we called it.　　　(M. Lamb, *The Sailor Uncle*)
> （私たちのいわゆる「ママへの訪問」のときは，あくまで陽気で，上機嫌でした）
>
> (7) Meantime, *all* around me is *violence* and *robbery*, *coarse de-*

---

[1] たとえば，*Once upon a time was a king は，非文法的である．

light and savage pain, reckless joke and hopeless death.
                                            (Blackmore, *Lorna Doone*)
（とかくするうちにも，私の周囲はいっさいが暴力と強盗，粗野な喜びと野蛮な苦痛，向こう見ずの冗談と絶望的な死ばかりなのです）

(8) *all* is *vacancy*.   (Irving, *The Sketch Book*)
（いっさいが，空虚である）

(9) *all* is *silence* in the cottage.   (G. Eliot, *Silas Marner*)
（田舎屋の中は，どこも静まりかえっている）

(10) but now *all* is *darkness* once more.[2]   (Christie, *The Big Four*)
（しかし，いまやまたしても，真っ暗がりだ）

(11) *all* is *darkness and silence*!
                                (Bierce, *An Occurrence at Owl Creek Bridge*)
（どこもかしこも，真っ暗で，しいんとしている）

(12) *all* was *blackness* in that direction.   (Hearn, *Kwaidan*)
（その方角は，まったくの闇だった）

(13) where *all* is *sweetness*, and *delicacy*, and *harmony*.
                                (Doyle, *The Adventures of Sherlock Holmes*)
（そこでは，すべてが楽しく，上品で，調和を保っている）

次の諸例では，抽象名詞が形容詞に修飾されている．

(14) Then *all* was <u>howling</u> *desolation*.   (Blackmore, *Lorna Doone*)
（それから，どこも荒涼として，荒れ果ててしまった）

(15) Within *all* was <u>absolute</u> *silence* and *darkness*.
                                        (Doyle, *His Last Bow*)
（内部は，どこもまったくしいんとして，暗かった）

---

2. ただし，次のような例もある．it is *all darkness*. (Doyle, *The Lost World*)（どこもかも暗闇だ）/ *all* was *dark* in the direction. (Doyle, *The Adventures of Sherlock Holmes*)（その方向は，どこも暗闇だった）

次の例では，抽象名詞が副詞に修飾されている．これは，述部名詞が形容詞化している証拠として，注目に値する．

(16) *All* was dead *silence*.　　　　(Lawrence, *Sons and Lovers*)
（あたりは静まりかえっていた）

(17) *All* was absolutely *silence* behind us.
　　　　　　　　　　　　(Doyle, *The Return of Sherlock Holmes*)
（われわれの背後は，いっさいが，完全にしいんとしていた）

8.2. 説　明

さて，ここで問題となるのは，*She is *kindness* のような言い方が非文法的であるのに反して，[3] すでに見たように，all が主語の場合には，抽象名詞がきわめて自然に be の述詞になっている事実である．

では，all が主語の場合には，なぜ，抽象名詞を述詞としてとることができるのだろうか．私見では，「All is 抽象名詞」の結びつきは，結局，「All ＝抽象名詞」という等式関係とみなしうるためのように思われる．次の二つの文を比較されたい．

(18) a. *All* was *silent* without.　　　(Longfellow, *Evangeline*)
　　　（戸外は寂(せき)として声もなかった）
　　 b. *All* was *silence*.　(R. Edmonds, Tolstoy's *Anna Karenin*)
　　　（あたりはまったく静まりかえっていた）

(18a) では，"silent" という形容詞は，ただ，"All" という主語の状態の記述 (describe) をしているにすぎないが，これに反して，(18b) では，いっさいが，すなわち「静寂そのもの」といった関係，つまり，'A＝B' の同一

---

3. You are *perfection*. (R. Edmonds, Tolstoy's *Anna Karenin*)（あなたは完全よ）のような例は，かなりまれであり，かつ生起しうる名詞に制限があるのではないか．たとえば，*I am happiness とは言えないはずである．

関係 (identification) が成立していると考えられる．そして，その意味で，(18b) のほうが，はるかに強意的で修辞的な表現となっている，と考えられる．

　こうした同一関係を表すには，次のような「抽象名詞 + itself」の形式を利用する方法もある．[4]

(19)　"It is *simplicity itself*," said he.

　　　　　　　　　(Doyle, *The Adventures of Sherlock Holmes*)

　　　（「それは簡単至極さ」と彼は言った）

(20)　You, Madame, were *kindness itself*.　　(Christie, *Third Girl*)

　　　（奥様，あなたは親切そのものでした）

また，次のような，「all + 抽象名詞」が述詞の位置を占める例も，同様に 'A is B' という同一関係を示そうとする発想に基づくものと考えられる．

(21)　"I am *all attention*," said Sherlock Holmes.

　　　　　　　　　(Doyle, *The Memoirs of Sherlock Holmes*)

　　　（「ぼくは傾聴してるよ」とシャーロック・ホームズが言った）

(22)　She was *all warmth* and *simple eagerness*.

　　　　　　　　　(Christie, *The Hollow*)

　　　（彼女は，とても温かく，ひたすら熱意にあふれていた）

　次例は，「all + 抽象名詞」が準主語補語，または叙述同格語 (predicate appositive [Curme]) として機能している例である．

(23)　We waited, *all curiosity*.

　　　　　　　　　(Doyle, *The Adventures of Sherlock Holmes*)

　　　（私たちは，好奇心を募らせて，待ちうけていた）

4.　次のような日本語表現は，元来，翻訳語法だろうか？
　　はじめて見返った竹田の目は，穏やかそのものであった．

　　　　　　　　　　　　　　　　　　　（内田康夫『長崎殺人事件』）

第 8 章 「All is 抽象名詞」の構文

次のように,「all + 複数名詞」の例も,やはり,A is B という,誇張表現と考えられる.

(24) The auctioneer was *all smiles* once more.　　　(BNC)
　　　(競売人は,再び満面の笑みを浮かべていた)

NB　次のような,「it is + 抽象名詞」の構文も文学作品でまれに見受けられるが (BNC にはこのような例は見いだせない),このような場合も,「it = 抽象名詞」という同一関係が成立していると見られる.it was dark/peaceful よりも,明らかに,修辞的,かつ,強意的である.
　　(i)　*it was darkness* over him for a few moments.
　　　　　　　　　　　　　　　　　　　　　　(Lawrence, *Rainbow*)
　　　　(しばらくの間,彼の上は真っ暗だった)
　　(ii)　*It was peace* at last.　　　(Lawrence, *Women in Love*)
　　　　(ついに,静寂だった)

第 II 部

英文法を探る

第 9 章

無生物主語構文

9.1. 特　徴

英語では，無生物を表す名詞を主語にして，「無生物が人に ... させる」という意味を表す構文が広範に用いられる．

(1)　What makes you laugh?　（君はなぜ笑うのか）
　　　[= Why do you laugh?]

この構文の特徴は，無生物を擬人化によって〈行為者〉(agent) にし，英語で愛用される SVO の文型を貫徹しようとしている点にある．

無生物を主語扱いするのは日本語ではかなり異例のことで，英語の大きな特徴となっている．たとえば，

(2)　The cat made him famous.
　　　（？猫が彼を有名にした）

という言い方は，自然な日本語ではない（それは，「猫のおかげで彼は有名になった」であろう）．藤森成吉の戯曲『何が彼女をさうさせたか』(1926) は，いまだに，明らかに翻訳調である．

第 9 章　無生物主語構文　　　　　　　　69

9.2. 無生物主語の訳し方

英語の無生物主語は，次のように訳せば自然な日本語になる．

① 　無生物主語を副詞語句に変え，
② 　人を表す目的語を主語にする．

  (3)　Business took him to London.
     （<u>商用が</u>　<u>彼を</u>　ロンドンに連れていった）　⇒
        ①　　　②
     （<u>商用で</u>　<u>彼は</u>　ロンドンへ行った）
        ①　　　②

9.3. 無生物主語をとる動詞

[A]　「使役」を表す動詞

まず，***make/cause***（... させる）がある．主語は，「原因・理由」の名詞．

  (4)　What *makes* you sad?　（<u>どうして</u>君は悲しいのか）
     [= Why are you sad?]
  (5)　The rain *caused* the river to overflow.
     （<u>その雨で</u>川がはんらんした）
     [= The river overflowed because of the rain.]

force/compel（むりやりに ... させる），***oblige***（やむをえず ... させる）は，make よりも「強制」の意味が強くなる．

  (6)　The bad weather *forced* us to call off the picnic.
     （<u>悪天候のため</u>，私たちはピクニックを中止せざるをえなかった）
  (7)　This accident *compelled* him to stay another week.
     （<u>この事故で</u>，彼はやむなくもう 1 週間滞在することになった）
  (8)　Circumstances had *obliged* him to sell the business.　(LDCE[4])

(事情で，彼はその店を売らなければならなかった)

drive は，「…(の状態)に駆り立てる」という意味を表す．

(9) Failure *drove* him to despair.
(失敗して，彼は絶望した)

remind（思い出させる）(= cause someone to remember) も，make の仲間である．

(10) The sight of the clock *reminded* me that I was late.
(時計を見て，自分が遅れているのに気がついた)

次のような動詞(句)にも，「使役」の意味が含まれる．

(11) The incident *put* her in a bad mood.　　　　　(OALD[7])
(その事件で，彼女は不機嫌になった)
(12) The accident *taught* him to be careful.
(この事故で，彼も用心が大事だと悟った)
(13) The girl's letter has *taken* me *back* ten years.
(その少女の手紙で，私は10年前のことを思い出した)
(14) His story *brought back* our childhood.
(彼の話で，私たちは幼年時代を思い出した)
(15) The morning sunshine *brightened up* the room.　　(LDCE[4])
(朝の陽光で，部屋がぱっと明るくなった)

[B]　「許容」を表す動詞

「許容」は，「使役」の意味が弱まったもので，典型的には，*allow/permit*（許す）によって表される．主語は，「状況」を表す名詞．

(16) His pride did not *allow* him to tell lies.
(彼は誇り高くて，うそを言うことはできなかった)
[= He was so proud that he could not tell lies.]

この場合，「うそを言うなんて，彼のプライドが許さなかった」という直訳

第 9 章　無生物主語構文　　　　　　　　　　　　　　　71

も可能である．

 (17) The security system will not *permit* you to enter without the correct password.
   (この警備システムがあれば，正しいパスワードなしにはいることはできない)

keep*/*leave は，「…(の状態)にしておく」の意味を表す．

 (18) The cold weather *kept* us indoors.
   (寒かったので，私たちは家の中に閉じこもっていた)
 (19) The news *left* me uneasy.
   (その知らせを聞いて，私は落ちつかなかった)

can*, *enable は，「…を可能にする」の意味を表す．

 (20) Money *can't* buy happiness. (金で幸福は買えない)
 (21) The loan *enabled* Jan to buy the house. (LDCE[4])
   (そのローンのおかげで，ジャンはその家を買うことができた)

[C] 「妨げる」の意味を表す動詞

「人／物が…するのを妨げる」という意味は，***prevent*/*keep*/*hinder*/*stop* sb/sth *from* -*ing*** という構文をとる．主語は，この場合も「原因」を表す名詞である．

 (22) Nothing can *prevent* this disease *from* spread*ing*. (BBI[2])
   (どうしても，この病気の伝染を防ぐことができなかった)
 (23) An injury was *hindering* him *from* play*ing* his best.
   (けがのため，彼は最高のプレイができないでいた)
 (24) The storm *kept* us *from* go*ing* for a picnic.
   (あらしで，私たちはピクニックに行けなかった)
 (25) The rain didn't *stop* us *from* enjoy*ing* the trip.
   (雨が降っても，旅行を楽しむ妨げにはならなかった)

prevent*/*stop は〈英〉では，from を落とした構文も用いられる（ただし，LDCE⁴ は〈英〉というレーベルなし）．

(26) Nothing can *prevent* this disease sprea*ding*. (= (22))

(27) What *stopped* his/him go*ing* to the meeting?
（どうして彼はその会合に行かなかったのか）[him は略式体]

save （省く）にも，似た用法がある．

(28) The prize money *saved* her *from* having to find a job.
(OALD⁷)
（その賞金のおかげで，彼女は仕事を捜さなくてもよくなった）

[D] 「奪う」の意味を表す動詞

この類の動詞は，***rob*/*deprive*** sb *of* sth の構文をとる．

(29) The shock *robbed* her *of* the power to speak.
（そのショックで，彼女は口をきく力が失われてしまった）

(30) The accident *deprived* them *of* their only son.
（その事故で，彼らは一人息子を失った）

[E] 「与える」の意味を表す動詞

この類の代表的な動詞は，***give*** である．主語は，「原因」を表す名詞で，文型は SVOO である．

(31) The long walk *gave* me a good appetite.
（遠道の散歩ですごくお腹がすいた）

obtain（得させる），***cost***（〈費用・犠牲〉を払わせる）も，give の同類である．

(32) His qualification *obtained* him a good job.
（資格のおかげで，彼はよい仕事にありつけた）

(33) The book *cost* me ten dollars.
（その本は 10 ドルした）

第9章　無生物主語構文

spare/*save*（〈手間など〉省いてくれる）は，'not give' という意味である．

(34) His call *spared* me the trouble of writing to him.
　　 (彼が電話してきたので，手紙を書かなくてもよかった)

(35) His advice *saved* me a lot of trouble.
　　 (彼の助言で，手間が大いに省けた)

[F]　「連れて／持っていく」の意味を表す動詞

take, *carry*, *bring* などの動詞で，主語は「用務・乗り物・歩行動作」を表す名詞である．SVOA の文型をとる．

(36) What *brings* you here on a night like this?　　(LDCE⁴)
　　 (こんな晩になぜここへ来たのですか)

(37) This bus will *take* you to the village.
　　 (このバスに乗れば，その村に行けます)

(38) This job *carries* me all over the world.
　　 (この仕事で，私は世界中を飛びまわっています)

lead/*get*（みちびく）も同様に用いられる．

(39) What *led* you to take that action?
　　 (君はなぜそんな措置をとる気になったのか)

(40) Such methods will *get* you nowhere.
　　 (そんな方法では，なんの効果もないよ)

[G]　心理動詞 (psych verb)

この類の動詞は，*surprise*/*astonish*（びっくりさせる），*please*（喜ばせる），*satisfy*（満足させる）などのように，「人をある心理状態にする」という意味を表す動詞である．主語は，「原因」を表す名詞句．SVO の文型で，人は普通 O の位置に置かれる．

(41) It *surprised* me to see him drunk.
　　 (彼が酔っぱらっているのを見て，私はびっくりした)

(42) The accident *astonished* everybody.
　　　(その事故でみんながひどくびっくりした)
(43) The judge's decision *astounded* everyone.
　　　(判事の判決でみんなは肝をつぶした)
(44) Don't let this *discourage* you.　　　(COBUILD[4])
　　　(これでがっかりしないように)
(45) His latest novel didn't *impress* me at all.
　　　(彼の最近の小説からは，何の感銘も受けなかった)[彼の最近の小説は，何の感銘も与えなかった，も可能]
(46) Sony *pleased* me immensely.
　　　(ソニーは，いたく気に入った)
(47) This weekend really *satisfied* me!
　　　(この週末は，本当に満足した！)

次のような give を主要部にする心理動詞句も珍しくない．

(48) a. Her work has *given pleasure to* (= pleased) millions of readers.　　　(OALD[7])
　　　　(彼女の作品は，何百万人もの読者に喜びを与えた)[日本語も無生物主語]
　　　b. The news *gave* us *a shock* (= shocked us).
　　　　(そのニュースで，私たちはショックを受けた)
　　　c. The strange noise *gave* me *a fright* (= frightened me).
　　　　(その奇妙な音で私は怯えてしまった)

[H] 「示す」の意味を表す動詞

この類の動詞に，***show*** (示す)，***suggest*** (示唆する)，***tell*** (告げる) などがある．文型はSVOである．

(49) The photograph *shows* the cattle grazing.
　　　(写真には，牛の群れが草を食べているところが写っている)
(50) His conversation *suggests* that he has a sense of humor.

(彼の話しぶりから，ユーモアのセンスがあることがうかがえる)

(51) Her smile *told* that she was pleased with the child.
(彼女がにっこりしたので，その子が気に入っているのがわかった)

find/*see* は，「期日名詞」を主語にとる．

(52) September 9th *found* us in Brighton.
(9月9日に私たちはブライトンにいた)
(53) Next morning *saw* him aboard a ship bound for Brazil.
(翌朝，彼はブラジル行きの船に乗っていた)
(54) Next year *sees* the centenary of Verdi's death.
(来年は，ヴェルディの死後百年祭を迎える)

[I] 「必要」を表す動詞

(55) The situation *requires* that he (should) be present.
(目下の状況では，彼が出席することが必要だ)
(56) This lock *needs* a drop of oil.
(この錠には，油を少し差さなければいけない)
(57) The plants *need* watering daily.
(この植物には，毎日水をやらなければならない)

9.4. おわりに

以上，さまざまな動詞が無生物主語をとるさまを見てきた．無生物主語構文は，英語の大きな特徴をなすものであるが，その存在理由をひと口に言えば，無生物に行為者性 (agency) を付与して，英語の愛用文型である SVO 型を貫徹することにある，と言ってよい．

第 10 章

It のステータスについて

10.0. はじめに

Chomsky (1981: 325) によれば，人称代名詞の it には次の3種がある．

(1) 真正項 (true argument)
a. "What should I do with the key?" Oh just leave *it* ['the key'] on the table."
(「この鍵，どうしようか」「ああ，テーブルに置いといてくれ」)
b. "Who said that I was crazy?" "I said *it* [= 'that you were crazy']."
(「私が狂気じみている，とだれが言ったのか」「ぼくがそう言ったのさ」)
(2) 擬似項 (quasi-argument)
It sometimes rains after [PRO snowing].
(雪のあと雨が降ることがときどきある)
(3) 非項 (non-argument)
It seems that they have quarrelled.
(彼らは，けんかをしたらしい)

(1a) の it は，the key を先行詞としているので，逆行照応的指示 (anaphoric reference) の例であり，(1b) の it は前文の that 節を先行詞としているので，やはり，逆行照応的指示の例である．

(2) のような，天候動詞 (weather-verb) の it を Chomsky が**擬似項**と呼ぶのは，それが PRO のコントローラーになれる (= it が PRO の先行詞になれる) という事実に基づく．Chomsky は，コントロールされた PRO は，普通，先行詞と同一の指示的特徴をもつが，この場合の先行詞は非指示的である．言い替えれば，天候の it は指示的であるかのようにふるまうが，指示物をもつことはできない，としている．[1]

(3) のような非人称動詞の主語となる it を非項，あるいは虚字 (expletive) とするのは，この it が外界に指示物 (referent) をもっていないからである．

本章の目的は，伝統的に種々の名称で呼ばれてきた it を，上記の基準に基づいて整理すること，特に it 外置構文や it 分裂文に使用される it は，普通言われているように虚字ではなく，外界またはテクストの中に指示物をもつことを論証することである．

10.1. 環境の it

次例のような時間・距離・天候を指す it を Quirk et al. (1985) は，支柱語の it (prop *it*) と呼び，Chafe (1970) は**環境の it** (ambient *it*) と呼んでいる．

(4) a. *It*'s Sunday tomorrow. ～ Tomorrow is Sunday.
　　b. *It*'s not far to York. ～ York is not far.
　　c. *It*'s windy in Chicago. ～ Chicago is windy.

この it は，漠然と特定の環境を指示するので，外界に指示物をもつと考え

---

1. ラテン語の Pluit. ('It rains.') や，イタリア語の Piove. ('It rains.') などは，真の非人称動詞であって，虚字が現れることは決してないので，It rains の it とは異なり，「非項」と言うべきであろう．

なければならない．〜のあとのパラフレーズにおいて，主語が「真正項」になっていることが，そのことの傍証になる．

また，次のような it も，漠然と「環境」もしくは「状況」を指示しているという意味で，虚辞ではなく，環境の it と考えられる．

(5) a. You will catch *it* [*ie* 'reproach, punishment'].
（君はお目玉をくらうよ）
b. We footed *it* home.
（私たちは歩いて帰宅した）
c. Let's make a night of *it*.
（さあ，ひと晩遊び明かそうぜ）

10.2. 非人称の it

Curme (1931: 7) は，非人称の it の例として，次のような例を挙げている．

(6) a. *It* rained/snowed/frosted heavily last night.
（昨夜は，ひどい雨／雪／霜だった）
b. *It* is late.（もう遅い）
c. *It* is stormy/smoky.
（荒れ模様だ／かすんでいる）
d. How fares *it* with you?
（お変わりありませんか）

確かに，(6a) のような天候動詞の主語となる it は，上で見たように「擬似項」としてもよい．しかし，(6b, c, d) は，少なくとも共時的には環境の it と見るべきであろう．漠然とではあっても，周囲の環境／状況を指すという意味で，外界指示 (exophoric reference) 用法と考えられるからである．

共時的に見て非人称の it（つまり，「非項」）の名に値するのは，seem, appear, happen, turn out, likely, certain など，主語の位置が非 θ 位置で

ある**上昇述語**（raising predicate）に限るべきであろう．

(7) a. *It* seemed that John was tired out.
   （ジョンは，疲れきっているようだ）
  b. *It* is likely/certain that John will win.
   （ジョンが勝ちそうだ／きっと勝つ）
  c. *It* happened that I was out when he called.
   （彼が電話してきたとき，私はたまたま外出していた）

10.3. it 外置構文

Haegeman (1994) は，次の (8b) は，(8a) のパラフレーズであるから，it はいささかも文意に寄与していないし，外界に指示物をもっていない，すなわち，it は虚字（expletive）である，と主張している．

(8) a. That the pig had been stolen surprised Jeeves.
   （ブタが盗まれたので，ジーブスは驚いた）
  b. *It* surprised Jeeves that the pig had been stolen.　（同上）

Haegeman は，(8b) の it が虚字である証拠として，it は (9) で見るように，疑問詞化することも，核強勢を置くこともできない，という事実を挙げている．

(9) a. **What* surprised Jeeves that the pig had been stolen?
  b. **IT* surprised Jeeves that the pig had been stolen.

しかし，it は定義上，旧情報を担う代名詞であることを考慮するなら，Haegeman の挙げる (9) の事実は，自動的に説明することができる．すなわち，(9a) では，すでに既知になっている項目 it を改めて聞く必要はまったくないからであり，(9b) では，代名詞に核強勢を置くことは，原理上，不可能であるからである．

もしも，Haegeman のように，問題の it を虚字だとするなら，外置された主語節のあとに痕跡（trace）が残るはずであるが，その位置に it を挿入

するなら，痕跡は消してはならない，という痕跡保持の原則に違反することになる．[2]

本章の立場は，この構文に現れる it は，外界にこそ指示物 (referent) をもたないにせよ，テクストの中に指示物をもつ——つまり，テクスト内照応指示 (endophoric) の定代名詞である，とするものである．以下に，その証拠を示す．

第1に，フランス語では，代名詞の ça, ce は項として現れ，il が虚字として現れる．surprise タイプの心理動詞 (psych verb) の主語位置が，Belleti and Rizzi (1988) の主張するように，非 θ 位置であるならば，このタイプの虚字の il が生じるはずである．しかし，(10) の示すように，この予測は誤りである．

(10) *Ça/*Il* m'amuse que Marie ait peur des mouches.
'It amuses me that Marie fears flies.'

この事実は，surprise タイプの心理動詞の主語は，派生主語ではなくて，基底生成されたものであることを物語っている (cf. Grimshaw 1990: 32)．(10) の ça，および，それに対応する英語の it は，'the fact' というような意味内容をもっていると考えられる．事実，(11) のような文では，it と the fact とを交換しても，(a), (b) 二つの文の知的意味は変わらない．

(11) a. I don't like *it* that you were there.
     （君がそこにいたのは，気に入らないね）
   b. I don't like *the fact* that you were there. （同上）

そして，the fact の場合は，(12a, b) のどちらの構文も可能であるが，(12c) のように，補部節 (complement clause) の主要部としての it が文主語として働いている場合は，(12d) のように，that 節は義務的に外置されなければならない．

---

2. 虚字にかぎり，それが痕跡の位置に挿入された場合，痕跡を消すことができるとする提案もあるが，それは ad hoc な規定 (stipulation) にすぎない (191 ページを参照)．

(12) a. *The fact* [that Marie fears flies] amuses me.
　　 b. *The fact t* amuses me [that Marie fears flies].
　　 c. *It [that Marie fears flies] amuses me.
　　 d. It *t* amuses me [that Marie fears flies].

　第2に, it が他動詞や前置詞の目的語として働いている場合は, 次に示すように,「it + that 節」の結びつきは, まったく自然である.

(13) a. She loved *it that* he made all the decisions.
(Bank of English)
　　　　 (彼がすべての決定をしてくれるのが彼女は好きだった)
　　 b. I can't like *it that* you are going away.　　(Ibid.)
　　　　 (あなたがよそへ行くのは, どうしてもいやです)
　　 c. I hate *it that* it is out of order.　　(Google)
　　　　 (それが故障しているのがいやなんだ)
　　 d. Depend upon *it* (= you can be sure) we won't give up.
(OALD[7])
　　　　 (大丈夫, 絶対あきらめないからね)
　　 e. See to *it that* you are on time.
　　　　 (遅れないように注意しなさい)

　第3に, 問題の it は, 以上の諸例では順行照応的 (cataphoric) にあとにくる (that) 節を指示しているが, (14b) のように逆行照応的 (anaphoric) に指示することもできる.

(14) a. Depend upon *it*, we will win the game.
　　　　 (大丈夫, この試合は勝つから)
　　 b. We will win the game, depend upon *it*.　(同上)

　it が順行照応的にテクスト中の先行詞 (下線を施した部分) を指示する例としては, さらに, 次のような例がある (= テクスト内指示).

(15) a. *It's* a nuisance, this delay.
   （困っちゃうな，こんなに遅れて）
   b. *It* hurt to delay. （遅れたのは，こたえた）
   c. I hate *it* when she's away.
   （彼女がよそへ行っているときは，いやだ）
   d. I'd consider *it* a compliment if you accepted.
   （お受け取りいただければ，幸甚に存じます）

10.4. it 分裂構文

普通，次のような分裂文に現れる it は，虚字とみなされていると思われる．

(16) *It* is the wife that decides. （決定するのは，妻だ）

しかし，細江 (1956: 310) は，この種の構文では，「that の先行詞は明らかに It である」と言っている．言い替えれば，この it は順行照応的に that 節を指示している，ということである．

また，Jespersen (*MEG* III: 89) は，この構文では，関係詞節は，it is のあとの述詞（predicative）（＝主語補語）に属するのではなくて，むしろ，it に属すると言うこともできる，と述べている．言い替えれば，関係詞節の先行詞は，it と見ることができる，ということである．

さらに，MEU[1] (1926: 303) は，(17) のような例を示して，

(17) *It* was in a Norfolk village that I first ran across him.
   （彼とはじめて出逢ったのは，ノーフォークの村だった）

この it を it that I ran across（＝my running across）と考え，全体を My first running across him was in a village とパラフレーズしている．言い替えれば，この構文の that の真の先行詞は，it であると考えているのである．

that の先行詞が it であり，it is のあとの述詞ではないことは，第 1 に，次のような，数多くの俚諺的表現において明らかになる．

(18) a. *It* is an ill wind that blows no man good.

(だれにも利益を吹き与えないような悪い風はない)［それは，だれにも吹き与えない悪い風だ］
b. *It* is a long lane that has no turning.
(曲がり角のないような長い小道はない)［それは，曲がり角のない長い道である］
c. *It* is a wise father that knows his own child.
(わが子のことがわかるような賢い父親はいない)［それは，わが子のことがわかる賢い父親である］

第2に，次のような，分裂文の焦点の位置に固有名詞がくる場合も，固有名詞は定義上限定されない以上，それが限定節の先行詞ではありえないことは，明白である．

(19) *It* is John who Mary really likes.
(メアリーがほんとに好きなのは，ジョンだ)［それは，メアリーがほんとに愛しているジョンだ］

第3に，that 節の先行詞が it であって，It is のあとの述詞でないことは，関係節中の動詞が3人称単数で呼応している例が決して少なくないことからもうかがわれる．[3] Jespersen (*MEG* III: 90) には，20世紀の作家から次の例を含む6例が引用されている．

(20) Is it you that*s* [sic] going to be married or is it Edith?
(Shaw, *The Doctor's Dilemma*)
(結婚しようとしているのは，君ですか，イーディスですか)
(21) It is myself who *is* writing at last.
(Barrie, *Tommy and Grizel*)
(ついに書いているのは，この私です)

---

3. Curme (1931: 187) は，動詞は3人称単数形で呼応するのが正しいとして，次の例を含む3例を挙げている (190ページにも類例)．
It is not I that *does* it. (Mackenzie)（それをするのは私ではない）

本章の立場は，分裂文に生じる it は逆行照応的な代名詞 (Chomsky の用語では，「真正項」) であるとするものである．なぜなら，この it は，「いま問題になっている人／事柄／場所／時間」を指示していると解されるからである．このことを充分に理解するためには，分裂文を文のレベルではなく，談話のレベルで考察しなければならない．

(22) a. Does John want a house?
    (ジョンは，家をほしがっているのか)
  b. No, *it*'s a car that he wants.
    (いいえ，彼がほしがっているのは，車だ)
  c. No, *it*'s a car.　(いいえ，(それは)車だ)

において，(c) の it は，「ジョンがほしがっている物」という意味を表す逆行照応的な it であることは，明らかである．一方，(b) の it は，分裂文の主語としての it であるが，旧情報を担っている that 節を削除するなら，たちまち，(c) の構文になるのを見てもわかるとおり，(b) と (c) の it に機能上の差は認められない．

分裂文の it が単に場所塞ぎの，無内容なものではなく，it の指示するものは場面または文脈からすでにわかっているものでなければならないことは，Bolinger (1977: 71) も指摘しているとおりである．このことは，また，分裂文を談話の冒頭で用いることができないという事実をも説明する．

分裂文の it が単に形式的なものでない証拠としては，さらに，Quirk et al. (1985: 1384) が指摘するように，it の代わりに指示代名詞の that, those や，定代名詞 he が用いられるという事実を挙げることができる．これらの例においても，限定節の先行詞は that, those, he であることが明らかである．

(23) a. (No), *that* was the dóctor I was speaking to.
    (いや，あれは医者だよ，私が話しかけていたのは)
  b. *Those* are my féet you're treading on.
    (そりゃあ，ぼくの足だよ，君が踏んづけてるのは)
  c. *He* was a real génius that invented this.

第 10 章　It のステータスについて

（彼は本物の天才だ，こいつを発明したのは）

たとえば，(23b) は，「これは，君が踏んづけているぼくの足である」という意味ではない．

　最後に，分裂文の派生について考えておこう．(24a) の分裂文の基底構造は，(24b) であり，限定節は義務的に外置されて，文末に回される．[4]

(24)　a.　It is the wife that decides.
　　　b.　It [that decides] is the wife ─
　　　　　　└──────────↑

(24a) は，たとえば (25a) のような疑問文に対する答えであり，it は「決定権をもっている人」というような概念を表している．

(25)　a.　Who decides in your house?
　　　　　（お宅ではだれが決定するのか）
　　　b.　It is the wife (who decides).　((決定するのは)妻だよ)

(23a) のような that や，(26) のような those で始まる分裂文も，同様な基底構造から派生すると考えられる．

(26)　Those [(that) you are stepping on] are my feet ─
　　　　　　└────────────↑

　分裂文の基底構造を (24b), (26) のようなものと仮定することについては，少なくとも二つの理論上の利点がある．その一つは，分裂文派生のための ad hoc な規則が不要になるということである．たとえば，Celce-Murcia and Larsen-Freeman (1999: 616) の規則は，次のごときものである（$\varDelta$ は，焦点化される位置）．

4.　Akmajian (1970) は，
　　[$\varDelta$ [that I spoke] was to John]
のごとき基底構造から，that 節が外置され，主要部のない (headless) $\varDelta$ の位置に it が代入されると仮定している．すなわち，it を虚字と見る点が，it を「真正項」とする本章との決定的な違いである（この it が逆行照応的である以上，虚字ではありえない）．

(27)　S → It + AUX + be + (Not) + ⊿ + that/who + S

もう一つの利点は，分裂文と次のような擬似分裂文 (pseudo-cleft sentence) との関連性が明らかになる点である．

(28)　What John bought was a car.　(ジョンが買ったのは，車だ)

私見では，擬似分裂文の基底構造は，次のごときものである．

(29)　That (which John bought) was a car

ここで注意するべきは，擬似分裂文 (29) は，分裂文の基底構造と同型的 (isomorphic) であり，(29) の that which の先行詞を削除して自由関係詞の what に替えれば，(28) のような擬似分裂文になり，(29) の限定節を外置するなら，すなわち，(30) のような分裂文が得られる．

(28) の擬似分裂文の場合も，(30) の分裂文の場合も，that which John bought の部分が旧情報を伝えており，a car の部分が新情報を伝えている．

(30)　That/It was a car [which John bought].

第 11 章

叙想法の諸問題

11.1. 叙想法の機能

　叙想法 (Subjunctive mood) は，事柄を現実の事実としてではなく，一つの「想念」として，すなわち，話し手の心の中で考えられたこととして，あるいは仮想世界の状況として，述べる場合に用いられる．

　あるいは，メンタル・スペース理論の用語で言えば，叙想法の機能は，ある命題内容を現実スペース (reality space) とは異なる，想念スペース (thought space) に写像して表現することにある．

11.2. 用語の問題

　高津 (1954: 263) によれば，印欧祖語の叙法には直説法 (Indicative)，接続法 (Subjunctive)，希求法 (Optative)，命令法 (Imperative) の四つがあったが，希求法は，すでにラテン語において接続法と融合してしまった．

　日本では，ギリシア語，ラテン語の文法書をはじめ，ドイツ語，イタリア語，フランス語，スペイン語，ロシア語などの文法書でも，Subjunctive の訳語として，通例「接続法」が用いられている．「仮定法」という用語の使用は，まず，英文法の領域に限られるとしてよい．

　このことについて，Onions (1929: 114) は，次のように述べている．

「Subjunctive という用語は，ローマの文法家たちが使用していた Subjunctivus というラテン語から来ていて，「従接すべき」(すなわち，従節で使用される) を意味する．この叙法をそういう名称で呼ぶのは，明らかに，二つの点で間違っている．一つは，従節ではむしろ Indicative のほうが多いことであり，もう一つは，Subjunctive は多くの単文や主節においても必要とされるからである．」

Indicative は，命題を "fact" として，Subjunctive は "thought" として表現する叙法であるから，それぞれの訳語としては，細江博士の命名である「叙実法」,「叙想法」が最適と思われる．[1]

11.3. 叙法はどの節点に生成されるか

叙法 (Mood) という文法的カテゴリーは，IP (＝S) の主要部である屈折要素 (INFL, I) の中に，統語特徴 Mood (M) として基底生成されると想定する．INFL の節点には，時制 (Tense)，一致要素 (AGR) もあるので，これに叙法 (M) という特徴が加わって，(1) のような複合特徴 (complex features) を形成する．

$$(1) \quad \text{INFL} \rightarrow \begin{Bmatrix} \text{Tns} \\ \text{AGR} \\ \text{Mood} \end{Bmatrix}$$

$$(2) \quad \text{Mood} \rightarrow \begin{Bmatrix} \text{Indicative} \\ \text{Imperative} \\ \text{Subjunctive} \end{Bmatrix}$$

したがって，独立節の場合は，次のような構造になる．

---

[1] 筆者の知っているかぎり，筆者以外に「叙想法」という用語を使用している研究者は，半田一郎氏である．氏は，イェスペルセンの『文法の原理』の訳書の中で一貫して「叙想法」を使用している．

第 11 章　叙想法の諸問題　　　　　　　　　　　　　　　89

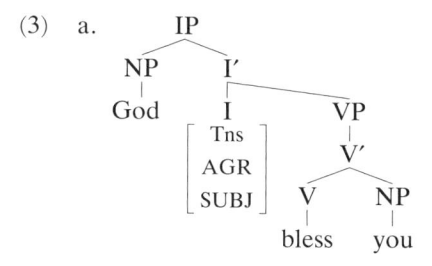

(3) a.
```
              IP
           /     \
         NP       I'
         |      /    \
        God    I       VP
              ⎡Tns⎤    |
              ⎢AGR⎥    V'
              ⎣SUBJ⎦  /  \
                     V    NP
                     |    |
                   bless  you
```

　b.　God bless you!　（神様の祝福がありますように！）

従節の場合は，次のようになる．

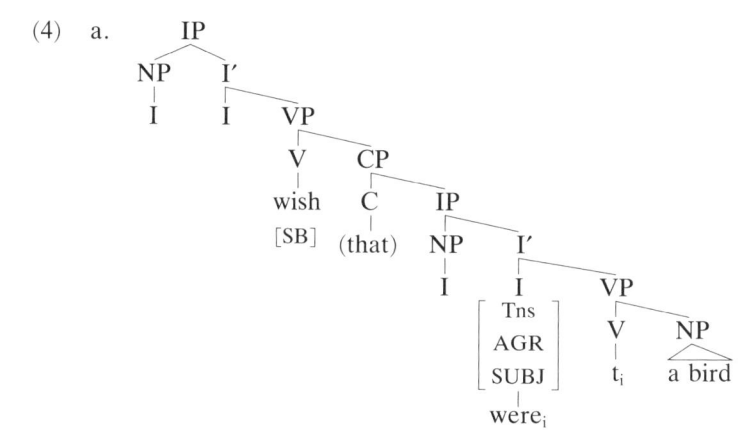

(4) a.
```
           IP
         /    \
        NP     I'
        |    /   \
        I   I     VP
               /     \
              V       CP
              |      /  \
            wish   C     IP
            [SB] (that) /  \
                       NP   I'
                       |   /  \
                       I  I    VP
                        ⎡Tns⎤ /  \
                        ⎢AGR⎥V    NP
                        ⎣SUBJ⎦|   △
                        wereᵢ tᵢ a bird
```

　b.　I *wish* I *were* a bird.　（鳥になれたらいいのに）
　　　[SB]　　［SUBJ］

　c.　I *demand* that he　*be*　placed under arrest.
　　　[SB]　　　　　　　［SUBJ］

　　　　　　　　　　　　　　　(Burroughs, *The Lost Continent*)
　　　（彼を逮捕することを命じる）

(4b, c) において，主節動詞のもつ [SB] という特徴は，それぞれ，従節の内容を"想念スペース"に変換する「**スペース構築語**」(space builder) (cf. Fauconnier 1997: 39) である．独立文の場合，[SB] は「これから"想念スペース"を構築するぞ」というふうに，話し手の脳の中に存在すると想定する．

11.4. 叙想法動詞は非定形か

いわゆる命令的叙想法 (Mandative subjunctive) では, (5) で見るように, 動詞は, 人称・数にかかわりなく, 一見, 原形で生じる. これは, 叙想法動詞は非定形 (non-finite), あるいは, よく言われているように, 原形であることを意味するのだろうか.

(5) I demand that he *go* there.
　　（彼がそこへ行くことを要求する）

答えは,「ノー」である. 第1に, 叙想法現在の動詞が定形 (finite) であることは, 次のような, 英語自体の経験的事実からも支持される (cf. Radford 1988: 291-292).

① 非定形動詞は主語がなくてもよいが, 叙想法動詞は主語を義務的に要求する (φはゼロ記号で, ここでは主語がないことを示す).

(6) a. He intends [φ to leave tomorrow].
　　　　（彼はあす発つつもりでいる）
　　b. *He insists [that φ leave tomorrow].

② 叙想法動詞は (7) のように主格を要求するが, 非定形動詞は (8) のように主格をとらなくてもよい.

(7) He insists that [*they*/*them/*their leave tomorrow].
　　（彼らがあす発つように, と彼は主張している）
(8) a. I want [*him*/*he to leave tomorrow].
　　　　（彼にあす発ってもらいたい）
　　b. I remember [*his*/*him*/*he leaving for Hawaii that day].
　　　　（その日, 彼がハワイに向けて発ったのを覚えている）

第2に, 英語よりも屈折の豊かな言語（ドイツ語, フランス語, イタリア語, スペイン語など）の観察から, 叙想法の動詞が定型であることは, 言語横断的に帰結される. 以下に, スペイン語の例を挙げる.

(9) a. *Exijo* que Juan　　*parta*　　para Hawaii manana.
　　　[SB]　　　　　　[SUBJ 3 Sing Pres]
　　　'I-demand that Juan leave for Hawaii tomorrow.'
　　b. *Exigi* que Juan　　*partiese*　　para Hawaii el dia siguiente.
　　　[SB]　　　　　　[SUBJ 3 Sing Past]
　　　'I-demanded that Juan leave for Hawaii the following day.'

ここで，主節の動詞の [SB] という特徴は，スペース構築語として，従節の中に想念スペースを構築している．

英語の場合も，OE, ME においては，叙想法動詞は，(10) で見るように，はっきりした語尾をもっていた．

(10) a.　bindan　'bind'　　OE　　　　ME　　　　　ModE
　　　　叙想法現在単数　　binde　　　binde　　　⎫
　　　　　　　　複数　　　bunde　　　bunde(n)　 ⎬ bind
　　　　　　　　　　　　　　　　　　　　　　　　⎭
　　b.　beon　'be'
　　　　叙想法現在単数　　sīe/bēo　　si/be　　　　⎫
　　　　　　　　複数　　　sīen/bēon　si(n)/bee(n)⎬ be
　　　　　　　　　　　　　　　　　　　　　　　　⎭

11.5. 命令的叙想法の否定文では，なぜ *do*-support を必要としないのか

さて，次の三つの文の対立を，どう説明すればいいだろうか．

(11) a.　I think that he *does not come* very often.　［叙実法］
　　　　（彼は，それほどしばしば来るわけではないと思う）
　　b.　I insist that he *not come* very often.　［叙想法］
　　　　（彼があまりしばしば来ないことを主張する）
　　c.　I insist that he *should not come* very often.
　　　　　　　　　　　　　　　　　　　　　　［叙想法代用形〈主に英〉］

Radford (1988: 307) は，(11b) の屈折要素 I は，empty I をもっている

と仮定し，Haegeman and Guéron (1999: 325) は，法助動詞 should に対応する，非顕在的 (non-overt) な法助動詞 [Modal, M] があると仮定している．

(12) I insist that he [e/M] not come very often.

I の位置に非顕在的な M が存在すると仮定するならば，he [M] not come という語順の特異さも，また，叙実法なら (11a) のように必要とされる *do*-support が起こらない理由も，原理的に説明可能になる．非顕在的な助動詞 [M] が存在する以上，do が挿入されるいわれはないのである．

もう一つ，共時的に可能な説明として，〈米〉では he should not の should が音形部門 (PF component) において義務的に削除される，とすることも考えられる．

11.6. 叙想法節の補文標識 that は省略できないのか

Haegeman and Guéron (1999: 108) は，(13) のような，叙想法と叙実法の対立を説明するために，二つの仮説を提示している．

(13) a. I demand *that*$_{SUBJ}$ he *see* the president now. ［叙想法］
(彼がいま社長に会うことを要求する)
b. I think (*that*$_{IND}$) he *works* in hospital. ［叙実法］
(彼は病院で働いていると思う)

一つの仮説は，補文標識 that には，叙実法をとる that$_{IND}$ と，叙想法をとる that$_{SUBJ}$ の 2 種があると仮定するものである．こうすると，(13a) の that$_{SUBJ}$ は省略できないのに対して，(13b) の that$_{IND}$ は省略可能であることが説明できる，とする．

Radford (1988: 307) も，補文標識 (C) と I との間に一致 (agreement) 関係が見られるので，叙想法節の補文標識 that は省略できないとする．

しかし，この仮説は，英語の実態と合致しない．なぜなら，次のような，叙想法節を導く補文標識 that が省略されている例を説明できないからであ

る.

(14) a. I wish I were taller.　(OALD[6])
（もっと背が高ければなあ）

b. The committee proposes/proposed (*that*) Mr Day be elected.　　　　　　　　　　　(Quirk et al. 1985)
（委員会は，デイ氏が選ばれるように提案している／した）

c. I suggested we *fly* to Strasbourg.　(Hemingway, *Fiesta*)
（ストラスブールに飛行機で行ってはどうかと言った）

　Haegeman and Guéron のもう一つの仮説は，[SUBJ] という特徴が that にまで浸透 (percolate) していく，というものである．すなわち，I の特徴 [SUBJ] が，I′, IP へと浸透し，さらに，IP から C, C′, CP へと浸透していく，その結果，demand は，局所的 (locally) に that 節を選択 (select) することができるようになる，と仮定するのである．

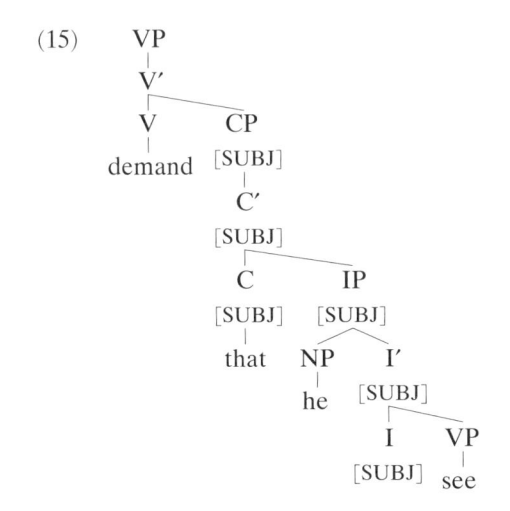

(15)
```
        VP
        |
        V′
       / \
      V   CP
      |   [SUBJ]
   demand  |
           C′
          [SUBJ]
          /  \
         C    IP
       [SUBJ] [SUBJ]
         |    /  \
        that NP   I′
             |   [SUBJ]
             he   / \
                 I   VP
              [SUBJ] |
                    see
```

　この仮説が成立するためには，叙想法の that 節は絶対に削除されないことが前提されるが，そのような前提は，(14) のような，経験的事実によって否定されるのである．

11.7. 1人称，3人称への命令は可能か

次のような let を用いた構文は，学校文法ではもちろん，Quirk et al. (1985: 829) でも，(16) は「1人称に対する命令」，(17) は「3人称に対する命令」と説明されている．

(16) *Let*'s enjoy ourselves. （さあ，楽しくやろうぜ）
(17) *Let* the wind blow. （風吹かば吹け）

しかし，命令は，常に1人称が2人称に対して行なうものであり，話し手が話し手に向かって命令したり，[2] 第3者に命令する，などということはありえない．たとえば，(16) は，1人称への命令ではなく，(18) のような，古い「勧誘の叙想法」(Hortative subjunctive) の現代英語のおける代用形である．

(18) a. And *look we* friendly on them when they come:

(Marlowe, *1 Tamburlaine* 337)

（彼らが来たら，友好的な態度で接しよう）

b. Come, *go we* to the King.

(Shakespeare, *Hamlet* 2.1.114)

（さあ，国王のところへ参りましょう）

この用法は，今日の英語では荘重な詩文に保存されているだけであるが，ドイツ語では現用されている．

(19) a. *Gehen wir* ins Kino!

'Go we into the cinema!＝Let's go into the cinema!'

b. *Sprechen wir* Deutsch!

'Speak we German!＝Let's speak German!'

---

2. たとえば，話し手が自分に向かって，「エモ，お前もなかなかやるじゃないか」と言うような場合は，自分を対象化（＝2人称扱い）しているのである．

3 人称の場合は，「ある事態が起こるがよい」の意味を表し，(20) のような古い命令叙想法（Jussive subjunctive）の代用形である．(かりに (17) が「風よ，吹け」の意味なら，風はすでに 2 人称化されているのである．)

(20) a. And *witness* heaven how dear thou art to me.

(Marlowe, *Edward II* 463)

(天も照覧あれ，そなたは私にとってどれほど愛(いと)しいことか)

b. Heaven *forbid* I should deny good points in him;

(Dickens, *Great Expectations*)

(私が，彼の長所を否定するなんて滅相もない)

英語の歴史に詳しい Curme (1931: 394) は，(16)，(17) のような let を含む構文は，古い屈折叙想法に対応する現代英語の代用形である，と述べている．

ドイツ語でも，このような構文では，「接続法」現在が使用される．

(21) Man *binde* ihn an den Baum dort!
'Let people bind him to that tree!'

ちなみに，興味深いことに，エリザベス朝の詩人・劇作家の Christopher Marlowe は，Ovid のラテン詩に現れる命令叙想法を英訳するにあたって，ほぼ規則的に，let による叙想法代用形で置き替えているのである (83 回: Ando 1976: 83)．

(22) *Let* thy tongue flatter, while thy mind harm works.

(*Ovid* 1.8.103)

[lingua *iuvet* mentemque tegat]
'Let your tongue aid you, and cover up your thoughts'
[iuvet＜iuvo (＝aid)，tegat＜tego (＝hide) は，ともに接続法現在；mentem は，mens (＝mind) の対格]

11.8. Were I you (= If I were you) の形式の起源

2003年度のある学会のシンポジウムで，次のような，主語・助動詞倒置 (subject-auxiliary inversion, SAI) による条件節の起源が問題になった．

(23) *Were I you* I would leave France.
 （私なら，フランスを去りますね）

これには，少なくとも二つの説がある．一つは，疑問文出身と見るもの (Jespersen 1933: 371, 大塚(編) 1970: 274)，もう一つは，祈願文出身とするもの (Curme 1931: 428, 細江 1933: 82, 136) である．

Jespersen は，倒置による条件節は「歴史的には疑問文から発達したものである」として，次の例を含む3例を示している．

(24) I would go even to Africa for her sake, *should it* be necessary.
 （必要なら，彼女のためにアフリカへだって行くだろうよ）

大塚(編)は，これらの条件節は，次のような疑問文に由来すると考えられる，と述べている．

(25) *Art thou* bound unto a wife? seek not to be loosed. *Art thou* loosed from a wife? seek not a wife. (*1 Cor.* 7: 27)
 （妻と結ばれているなら，解こうとするな．妻と結ばれていないなら，妻を迎えようとするな）

Huddleston and Pullum (2002: 970) も，次のような例を挙げて，条件節と疑問文との「重要な意味的な類似」(the significant semantic resemblances) を指摘している．

(26) *Are you* free this afternoon? If so, we can go and look at some houses. [= If you're free this afternoon, we can go ....]
 （今日の午後は暇かい．暇なら，家を見に行けるね）

第 11 章　叙想法の諸問題

次例は，もっと簡潔で，適切な例である．

(27)　LOVE MUSIC?　SAVE MUSIC!

［日本音楽著作権協会の新聞広告］

（音楽がお好きですか？（ならば）音楽を救ってください！）

ここで，次のような，「… とせんか」「もし … なからんか」などによって条件節を作る日本語の文語文の用法も考え合わされてよい．

(28)　しかれども，今やこの局面にして，予の模様あし<u>とせんか</u>，世人あるいは算節［棋士の名前］負けを恐れて逃げしといはん．

(Google)

(29)　<u>もし</u>原文の平易雅馴(がじゅん)なる筆致にして，はなはだしく毀損(きそん)せらる ることなから<u>んか</u>，予の幸甚とするところなり．

（芥川龍之介「奉教人の死」）

一方，倒置条件節の起源を祈願文に求める Curme は，非現実を表す条件節では，「過去時制形はしばしば祈願文的である」として，次の例を示している．

(30)　a.　*Were he* only here, I would give all that I have!

（彼が（いま）ここにいさえすれば，私がもっているものをすべて与えるのに！）

　　　b.　*Had he* only been here, I would have given him all that I had!

（彼が（あのとき）ここにいさえすれば，私がもっているものをすべて与えたことだろうに！）

また，細江博士は，条件節の叙想法が祈願文に由来する理由は，条件なるものは，ある事柄が与えられたものであることを要求するものだからであるとして，次の例を含む，多くの例を示している．

(31)　O *might I* see hell, and return again, how happy were I then.

(Marlowe, *Doctor Faustus* 783)

（ああ地獄を見て，また帰ってくることができたら，どれほど幸せだろう）

(32) *Were we* not very strong, it could never have been done.

(Haggard, *Aye-sha*)

（われわれが身体強壮でなかったなら，あんなことは到底できなかったろう）

これら二つの説の優劣をにわかに決定することはできないが，少なくとも，(32) のように，「身体強壮でなければいいのに」と否定的命題を祈願することは，意味論的に不自然であるように思われる．

NB 今日では倒置条件節を導く助動詞は，Huddleston and Pullum (2002: 970)，Quirk et al. (1985: 1094) の言うとおり，主に had, were, should, まれに might, could である．
  (i) **Might/Could** I but see my native land, I would die a happy man.
  （祖国を見ることさえできら，幸せな人間として死ねるだろう）［これなどは，祈願文起源を支持しそうである］
 did の例は少ない．
  (ii) Even **did** such circumstances exist, I would have to seek the bishop's dispensation. (Archer, *Kane and Abel*)
  （たとえ，そういう事情があったとしても，私は主教の特免を求めなければならないでしょう）

11.9. Subjunctive は常に従節中に生起するのか

上で，叙想法は独立文にも現れるので，"接続法" という用語は適当ではないと述べた．まず，ラテン語，ドイツ語，フランス語，イタリア語において，叙想法が独立文に現れる例を挙げてみよう．

(33) a. L. ita di *fecerint*! 'The gods grant it!'
  b. G. Edel *sei* der Mensch! 'May man be noble!'
  c. Fr. La paix *soit* avec vous! 'Peace be with you!'
  d. It. *Viva* il nostro partito! 'Long live our party!'

第 11 章　叙想法の諸問題

次に，英語の例を若干示す．まずは，日常使用される祈願文から．

(34)　a.　God *save* the Queen!　（女王陛下万歳！）
　　　b.　Long *live* our noble Queen!　（同上）
　　　c.　God *bless* you!　（神さまの祝福がありますように！）
　　　d.　So *help* me God!　（神も照覧あれ！）[法廷での誓い]

聞き手にとって不利益なことを祈願すれば，ののしり・呪詛の表現となる．これも，日常的に使用される．

(35)　a.　*Damn* you!　（こんちくしょう！）
　　　b.　*Be* damned to that!　（そんなの，くそくらえだ！）
　　　c.　*Darn* it!　（ちぇっ，いまいましい！）〈特に米〉
　　　d.　*Fuck* it!　We've missed the train.
　　　　　（ちぇっ！　列車に乗り遅れた）
　　　e.　*Fuck* you ─ I'm leaving.　（くそくらえ──おれは帰る）
　　　　　　　　　　　　　　　　　　　　　　　((c)-(e)：OALD⁶)
　　　f.　Grammar *be* hanged!　（文法なんか，くそくらえだ！）
　　　g.　Deuce *take* it!　（ちきしょう！）

命令叙想法（Jussive subjunctive）は，that 節にしか生じないとする考えがあるが，命令叙想法は本来，主節に生起するものである．

(36)　a.　*Suffice* it to say that we won.
　　　　　（われわれは勝った，とだけ言っておこう）[＝Let it suffice that we won.]
　　　b.　*Be* it noted that this offer was made in good faith.
　　　　　（この申し出は，誠意をもってなされたものであることに注意されたい）

「命令叙想法」は，次例のように，従節に格下げされて，「譲歩」を表すこともある．

(37)　a.　*Be* that as it may, we have nothing to lose.

(それはともかく，私たちは失うものは何もない) [cf. さもあらばあれ]
  b. *Come* what may, we will go ahead with our plan.
   (何が起ころうと，私たちは自分たちの計画を推し進めるのだ)
  c. *Be* is ever so humble, there's no place like home.
   (Payne, *Home, Sweet Home*)
   (どんなにしずが屋であれ，家にまさるところはない)

以上見てきたように，独立節の叙想法は，多少定型表現的 (formulaic) ではあっても，そのようなものとして現代英語の中に組み込まれているのである．ゆえに，叙想法が従節にのみ生じるとするのは誤りであり，"接続法"という用語も不適切であるという結論になる．

第 12 章

Subjunctive は「接続法」か

12.0. はじめに

　1999 年度の近代英語協会全国大会において，次の問題をめぐって熱心な討論が交わされた．

　　A.　Subjunctive は常に従節中に生起すると考えてよいのか．
　　B.　だとすれば，「仮定法」ではなく，「接続法」が妥当な訳語ではないのか．

A, B を主張する人たちの言い分は，Mandative（命令的）subjunctive にせよ，putative（想定の）*should* にせよ，(1), (2) に示すように，もっぱら従節に現れるし，(3) のような Optative（祈願的）subjunctive でさえ，主節に I wish を仮定できるではないか，というものであった．

　　(1)　The employees have demanded that the manager *resign*.
　　　　（従業員は，支配人が辞職することを要求した）
　　(2)　The employees have demanded that the manager *should resign*.　（同上）
　　(3)　?(I wish) God bless you!　（神の祝福がありますように）

本章の目的は，A, B の問題について，筆者の見解を述べることである．

12.1. A. の問題

以下に，Subjunctive が主節に現れる場合を列挙してみよう．

第1に，議論の端緒は，想定の *should* (putative *should*) の生起が従節に限られるとする発表者の見解にあったが，想定の *should* が wh 語とともに独立文において現れる例は，この用語の命名者である Quirk et al. (1985: 234) に見いだされるのである．

 (4) Why *should* anyone object to her enjoying herself?
   (彼女が楽しむのにだれが異議を唱える必要があろうか)

次に，(3) のような祈願文において，主文に I wish を補おうという提案は，「この場合，Subjunctive が一見独立して用いられているように見えるけれども，実は，主節が省略された従属節と見るべきである」という，Saito (1902: 67) の意見とまったく同じである．こうした考えは，ドイツ文法にも見られ，たとえば，相良守峯『ドイツ文法』(p. 149) は，(5) のような単一文も，(6) のような複合文中の主文を省略したものであると記述している（ただし，続いて，接続法は主文にも使用されることも認めている）．

 (5) Über seiner Asche *blühe* ein Paradies!
   (彼を葬った土の上に楽園の栄えんことを！)
 (6) *Ich wünsche*, ein Paradies blühe über seiner Asche.

主文に I wish や Ich wünsche を補おうとするのは，Ross (1970) の提唱した"遂行分析" (performative analysis) にほかならないが，いまだにこの考えを支持する人がいるのは驚きであった．

第2に，指摘したいことは，(6) の主文を削除しても，(5) の語順は得られないことである．ということは，(5) と (6) は，同一のソースから派生したものではないことを物語っている．

もっとも，英語の祈願文の場合は，I wish のごとき主節を仮定しようとするのも理解できないわけではない．なぜなら，Marlowe の言語に，次のような例が見いだされるからである．

第 12 章　Subjunctive は「接続法」か　　　103

(7)　<u>Pray God</u> thou *be* a King now this is done.

　　　　　　　　　　　　　　　　　　(*Massacre at Paris* 1080)

　　（これが成就したいま，あなたが国王になられますように）

(8)　<u>Pray heaven</u> the Doctor *have* escapt the anger.

　　　　　　　　　　　　　　　　　　(*2 Faustus* 1482)

　　（博士がその怒りを免れていますように）

(9)　<u>I crave</u> but this, he *stay* a tide or two.　　(*Dido* 1615)

　　（私の願いはただこれだけ，あの方がいましばらくとどまってほしい）

　第 3 に，英語の場合，主節を削除しても，確かに，ドイツ語のような語順の変化は生じない．しかし，(7), (8), (9) で見るように，主節の形式がそれぞれに異なる以上，削除した主節を唯一的に復元できる見込みはないことに注意しなければならない（よしんば，抽象的な遂行動詞 I WISH を仮定しても，以下に述べるような障害がある）．

　第 4 に，I wish を仮定する考えの，さらに由々しい欠点は，現代英語では，*I wish you *be* quiet とは言えない点である．なぜなら，I wish の補文は，I wish I *knew*. のように過去系列の動詞か，もしくは，I wish you *would* be quiet. のように法助動詞を含んでいなければならないからである (cf. Dixon 1991)．

　第 5 に，同じ祈願文でも，次のような呪詛・悪態を表すものは，I wish で書き直してもパラフレーズ関係は成立しない．これらペアをなす二つの文の場合，(10a) 文のもつ発話行為力は，(10b) 文のような穏やかなものではないからである．

(10)　a.　Grammar *be* hanged!　（文法なんか，くそくらえ！）
　　　b.　≠I wish grammar may be hanged.　[ここでも，*I wish grammar *be* hanged とはならない点に注意]

　次のような Hortative (勧告的) subjunctive の場合も，主節に I wish を補うことはできない．

(11)　*Climb we* not too high,
　　　Lest we should fall too low.
　　　　　　　　(Coleridge, Schiller's *The Death of Wallenstein*)
　　　(あまりにも高く登るのはよそう，あまりにも低く落ちないために)

この用法は，今日の英語では荘重な詩文に保存されているだけであるが，次に見るように，ドイツ語では現用されている．

(12)　a.　*Sprechen wir* Deutsch.
　　　　　(ドイツ語を話しましょう) [1人称]
　　　b.　*Kommen Sie* herein!
　　　　　(どうかお入りください) [2人称]
　　　c.　Zwischen uns *sei Wahrheit*!
　　　　　(お互い秘密はなしにしよう) [3人称]

第6に，次のような Jussive (命令の) subjunctive も，本来，主節に生起するものである．

(13)　a.　*Suffice* it to say that working with Kelvin was not a very pleasant experience.　　　　(MED)
　　　　　(ケルビンと働くのは，あまり愉快な経験ではなかった，とだけ言っておこう)
　　　b.　*Be* it as Faustus please,　　(Marlowe, *1 Faustus* 1105)
　　　　　(フォースタスの好きなようにするがいい)

第7に，次のような，日常使用される祈願文は，Subjunctive 現在であり，典型的に主節に生じる．

(14)　a.　God *bless* you!　(神さまの祝福がありますように！)
　　　b.　Long *live* our noble Queen!　(女王陛下万歳！)
　　　c.　So *help* me God!　(神も照覧あれ！)

次のような，ののしり・呪詛の表現も日常的に用いられる．

(15) a. *Damn* you!（こんちくしょう！）
   b. Deuce *take it*!（しまった！）
   c. *Fuck it*! We've missed the train. (OALD⁶)
     （ちぇっ，列車に乗り遅れた）

第8に，(16) の had better という表現は，主節で普通に用いられている Subjunctive であり，(17) は〈格式体〉ながら現代英語の主節に生起する Subjunctive の例である．

(16) We *had better* consult the waiter.
   （ウェイターに相談したほうがいい）
(17) a. Nay, *'twere* better he killed his wife,
     (Marlowe, *1 Tamburlaine* 1684)
     （いや，彼は妻を殺したほうがよい）
   b. *Would* that it were not so. (Onions)
     （そうでなければいいのに）

12.2. B. の問題

以上，Subjunctive は，主節に生起するものが決して少なくないことを見た．ゆえに，Subjunctive が従節にのみ生じるとするのは誤りである，という結論になる．細江 (1933: 30-32) も，「接続法」という名称は，この叙法が独立文で用いられることはないという全然誤った考えに基づいて与えられた不都合なものであるとし，上述の斎藤秀三郎の意見についても，古来独立文であるこれらの文を従節と見ることは，言語史上全然いわれのないことで，「人を誤る 謬説 と言わなければならない」と喝破している．[1]

Subjunctive を「仮定法」と訳すのがこの国の伝統であるが，Subjunctive は「仮定」のみを表すものでは決してないので，この名称に疑問を感じる大学生・院生がいることは不思議ではない．また，「直説法」も，「直接法」と

---

1. Onions の同じ主旨の意見については，前章を参照．

誤記されることがあるが，それは，「直説する」という動詞が日常的に使用されることが，まず皆無だからであろう．筆者が，細江博士に従って，Indicative mood を「叙実法」，Subjunctive mood を「叙想法」と称することを提唱するのは，前者が命題を"fact"として，後者は"thought"として表現する叙法であるからである．

第 13 章

構文とプロトタイプ

13.1. 使役・移動構文と結果構文

　英語の構文の中で，(1) のような例を，Goldberg (1995) は「使役・移動構文」(caused-motion construction) と呼び，(2) のような例は，一般に「結果構文」(resultative construction) と呼ばれている．

(1) 使役・移動構文
　　a. They laughed the poor guy out of the room.
　　　（彼らは笑って，かわいそうな男を部屋から出ていかせた）
　　b. Frank sneezed the napkin off the table.
　　　（フランクは，くしゃみをして紙ナプキンをテーブルから吹き飛ばした）
　　c. Sam helped him into the car.
　　　（サムは，その男を助けて車に乗せた）
　　d. Joe kicked the dog into the bathroom.
　　　（ジョーは，その犬を浴室へけり込んだ）
　　　　　　　　　　　　　　　　　　　　　（以上 Goldberg 1995）
(2) 結果構文
　　a. The professor talked us into a stupor.

（教授のおしゃべりで，私たちはぼうっとなった）
b. Amy walked her feet to pieces.
（エイミーは，歩いて足が棒になった）
c. The gardener watered the tulips flat.
（庭師は，水をやってチューリップを倒してしまった）
d. Charlie laughed himself silly/sick.
（チャーリーは，笑いこけてぼうっとなった）

(以上 Jackendoff 1990)

(1) は「場所の移動」を表し，(2) は「状態の変化」を表すと言ってよい．そして，(2) は，(1) からのメタファー的拡張 (metaphorical extension) として説明される．たとえば，(3) の二つの文は，いずれも使役・移動構文が結果構文へメタファー的に拡張された例である．(3a) は「彼は飲み過ぎて，ついに墓場にはいってしまった」ということで，「場所の移動」から「結果の状態」へのメタファー的移行を表している．「墓場にはいった」（場所の移動）とは，「死んだ」（結果）のメタファーにほかならないからである．

(3) a. He drank himself into the grave.
b. She drank him under the table.
（彼女は，相手を酔いつぶした）

ちなみに，この二つの構文は，ドイツ語，オランダ語，イタリア語などにも見いだされる．

(4) 使役・移動構文
a. ドイツ語：
Der liederliche Bursche hat seine alte Mutter ins Spital getanzt. (関口 1979: 42)
'The prodigal son danced his old mother into the poorhouse.'
b. オランダ語：
Hij reed zijn auto de garage in. (Hoekstra 1988: 126)

'He drove his car into his garage.'
　　c. イタリア語:
　　　 Ho calciato la palla nell'angolo.　　　(Napoli 1992: 60)
　　　 'I kicked the ball into the corner.'
(5)　結果構文
　　a. ドイツ語:
　　　 Ein Dieb stiehlt sich selten reich.　　　(関口 1979: 42)
　　　 [Lit.] 'A thief seldom steals himself rich.'
　　b. オランダ語:
　　　 Ik schilderde de schuur rood.　　　(Hoekstra 1988: 126)
　　　 'I painted the barn red.'
　　c. イタリア語:
　　　 Ho intrecciato i fiori in una ghirlanda.　(Napoli 1992: 61)
　　　 'I wove the flowers into a garland.'

　関口 (1979) は，(4a) のよう構文は，sie durch Tanzen ins Spital bringen とパラフレーズできるので，これを bringen を基調とする"搬動語法" (=使役・移動構文) と呼んでいる．他方，(5a) は，Ein Dieb macht sich selten durchs Stehlen reich のように，machen を用いてパラフレーズできる．これを関口は，「結果の状態を指す形容詞」の構文 (=結果構文) と呼び，"搬動語法"とは区別しなければならない，としている．

　さて，ドイツ語の「使役・移動構文」を durch ... bringen でパラフレーズでき，「結果構文」を durch ... machen でパラフレーズできるのは，Jackendoff (1990: 228) の指摘するように，英語の 'V [NP XP]' という構造において，XP (=任意の句) が前置詞句の場合は，get ... by Ving でパラフレーズでき，XP が形容詞句の場合は make ... by Ving でパラフレーズできるのと軌を一にしている．

(6)　a. They laughed the poor guy out of the room. →
　　　 They *got* the poor guy out of the room *by laughing*.
　　b. The gardener watered the tulips flat. →

The gardener *made* the tulips flat *by watering*.

以上の諸言語を通じて，使役・移動構文と結果構文を 'V [NP XP]' で表すとすれば，次のような事実が観察される．

(7) 使役・移動構文と結果構文の特徴
a. 'V [NP XP]' という構造において，使役・移動構文は XP として常に方向を表す前置詞句をとり，XP は「到達した場所（＝着点（goal））」を表す．
b. 一方，結果構文は，XP として前置詞句・形容詞句（ときに名詞句）をとり，XP は「到達した状態」（＝結果）を表す．

このように，方向または結果を表す XP のカテゴリーが異なることを除けば，両構文の統語法はほぼ完全に平行している．そこで，以下では，主として結果構文から考察していきたい．

13.2. 結果構文の諸タイプ

Carrier and Randall (1992) は，結果構文のうち主動詞が他動詞であるものを「他動詞結果構文」，主動詞が自動詞であるものを「自動詞結果構文」と呼んで区別している．［　］内に，Jackendoff の言う「基底形」("base form") を示しておく．

(8) 他動詞結果構文 (transitive resultatives)
a. The gardener watered the tulips flat. （＝(2c)）
   [＜The gardener watered the tulips.]
b. They painted their house a hideous shade of green.
   （彼らは，自分たちの家をペンキで醜い緑色に塗った）
   [＜They painted their house.]
c. The chef cooked the food black.
   （シェフは，その食べ物を焼いて黒こげにした）
   [＜The chef cooked the food.]

(9) 自動詞結果構文 (intransitive resultatives)
    a. The joggers ran their Nikes threadbare.
       (ジョガーたちは，走ってナイキ・シューズをすり切れさせた) (cf. The joggers ran.)
    b. He sneezed his handkerchief completely soggy.
       (彼は，くしゃみしてハンカチをすっかりびしょ濡れにした)
       (cf. He sneezed.)
    c. The chef cooked the kitchen walls black.
       (シェフは，調理して台所の壁を真っ黒にした)
       (cf. The chef cooked.)

Jackendoff (1990: 226-7) は，結果構文をさらに細かく分類して，次の4種類を認めている．

① 基底動詞が他動詞である場合

(10) a. The potter baked the clay hard.
       (陶工は，粘土を焼いて堅くした)
       [＜The potter baked the clay.]
    b. The cook scrubbed the pots shiny.
       (コックは，鍋をこすってピカピカにした)
       [＜The cook scrubbed the pots.]
    c. The horses dragged the logs smooth.
       (馬たちは，丸太を引きずってすべすべにした)
       [＜The horses dragged the logs.]

② 結果構文の直接目的語が，基底動詞の目的語ではなくて，基底動詞の"斜格補部" (oblique complement) (＝前置詞＋補部) として現れるもの

(11) a. Harry hammered/pounded the metal flat.
       (ハリーは，その金属をたたいて平たくした)
       [＜Harry hammered/pounded *on the metal*.]
    b. The professor talked us into a stupor.

　　　　　　　(教授のおしゃべりで，私たちはぼうっとなった)
　　　　　　　[＜The professor talked *to us*.]
　　　c.　Bill shaved his razor dull.
　　　　　　　(ビルは，ひげを剃ってレーザーをなまくらにした)
　　　　　　　[＜Bill shaved *with his razor*.]

③　基底動詞が自動詞で，結果構文の目的語が再帰形または主語の身体部位である場合[1]

　(12)　a.　Charlie laughed himself silly/sick/into a stupor.
　　　　　　　(チャーリーは，笑いこけてぼうっとなった)
　　　　　　　[＜Charlie laughed (*himself).]
　　　b.　Veronica sang herself crazy.
　　　　　　　(ヴェロニカは，歌を歌って気が狂ったようになった)
　　　　　　　[＜Veronica sang (*herself).]
　　　c.　Amy walked her feet to pieces.
　　　　　　　(エイミーは，歩いて足が棒になった)
　　　　　　　[＜Amy walked (*her feet).]

④　基底動詞が自動詞で，結果構文の目的語が主語と同一指示的 (coreferential) でない場合 (Jackendoff は，(13a) のみがまずまず容認可能であり，ほかの例はすべて周辺的 (marginal) と判断する．ただし，Carrier and Randall によれば，すべて容認可能)

　(13)　a.　?The rooster crowed the children awake.
　　　　　　　(おんどりが鳴いて子どもたちが目を覚ました)
　　　b.??The boxers fought their coaches into an anxious state.
　　　　　　　(ボクサーたちが戦って，コーチをはらはらさせた)
　　　c.??John washed the facecloth dirty.
　　　　　　　(ジョンは，顔を洗ってタオルを汚した)　(cf. (49))

---

1. つまり，目的語が主語と同一指示的 (coreferential) である場合と言える．

d. ?*In the longest love scene, Troilus and Cressida kiss most audiences squirmy.

(いやに長いラブシーンで，トロイラスとクレシダはキスして，大半の観客をもじもじさせる)

13.3. 従来の統語分析の検討

(14), (15) の (a) 文は，それぞれ，(b) 文を伴立 (entail) する．

(14) a. John painted the door green.
   (ジョンは，ドアに緑色のペンキを塗った)
   b. John painted the door. (ジョンは，ドアにペンキを塗った)
(15) a. The chef cooked the food black. (= (8c))
   b. The chef cooked the food.

一方，(16), (17) の (a) 文は，同じく他動詞出身であるにもかかわらず，(b) 文を伴立しない．

(16) a. Fred cooked the stove black.
   (フレッドは，調理でレンジを黒くした)
   b. *Fred cooked the stove.
(17) a. He rubbed the tiredness out of his eyes.
   (彼はこすって目の疲れを取った)
   b. *He rubbed the tiredness.

そこで，この種の名詞句は，不適切にも "見せかけ目的語" (fake object) (Simpson 1983 の用語) と呼ばれることがある．

さらに，次では，自動詞が "見せかけ目的語" をとっているように見える．

(18) a. The joggers ran their Nikes threadbare. (= (9a))
   b. *The joggers ran their Nikes.
(19) a. Amy walked her feet to pieces. (= (2b), (12c))
   b. *Amy walked her feet.

以上見てきた3様の結果構文について，従来，次に示すような，さまざまな分析が提案されてきた．

13.3.1. Ternary 分析

この分析では，他動詞結果構文と自動詞結果構文の双方に3分枝 (ternary) 構造が与えられる (Simpson 1983, Carrier and Randall 1992, Levin and Hovav 1995, Goldberg 1995, etc.)．

```
(20)              VP
         ┌────────┼────────┐
         V        NP       XP
         │        │        │
      watered  the tulips  flat
      walked   her feet    to pieces
```

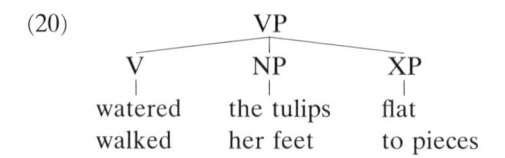

この分析は，3分枝 (ternary) になっている点が，生成文法の現在の理論からは許されないし，さらに，(18a) や (19a) のような"見せかけ目的語"を真の直接目的語にしてしまうという致命的な欠陥がある．[2]

13.3.2. Binary 分析

この分析は，主動詞が小節 (small clause, SC) を補部としてとると分析するものである (Kayne 1985, Hoekstra 1988, etc.)．この分析は，2分枝 (binary branching) のみを合法的とする Chomsky (1995: 177) の仮説とも合致し，また，Jespersen のネクサス分析とも本質的に等価である．

```
(21)           VP
          ┌─────┴─────┐
          V           SC
          │        ┌──┴──┐
       watered    NP    XP
       walked     │     │
               the tulips  flat
               her feet    to pieces
```

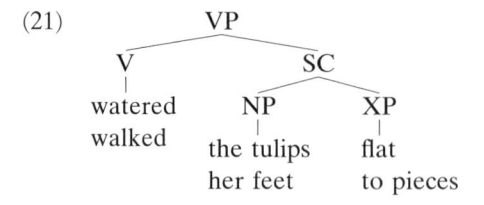

2. Goldberg は，動詞のあとの NP は〈受動者〉(Patient) であり，動詞の項ではなく構文の項であると主張しているが，構文が項をとるという主張は，項は動詞によって決定されるという項の定義に違反するものであり，また，後述するように，それは項ではない．

この分析は，筆者の立場に最も近いものであるが，SC というステータスの疑わしいカテゴリーを立てている点に問題がある．

13.3.3. Hybrid 分析

これは，他動詞結果構文 (a) には 3 分枝構造を与え，自動詞結果構文 (b) には小節構造を与える分析である (Stowell 1983, Rothtein 1992, Yamada 1987, etc.)．

(22)　a.　他動詞結果構文　　　　　　　b.　自動詞結果構文

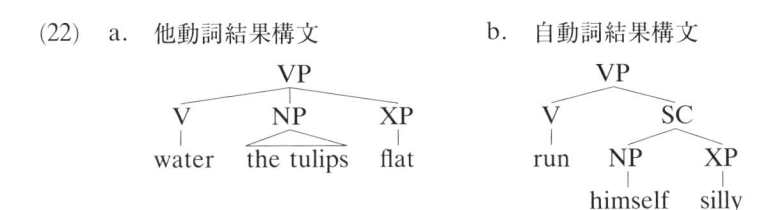

```
        VP                          VP
      / | \                        /  \
     V  NP  XP                    V    SC
     |  |   |                     |   /  \
   water the flat                run NP   XP
         tulips                      |    |
                                  himself silly
```

この分析は，他動詞結果構文を 3 分枝構造にしている点，また，たとえば，John cut himself free.（ジョンはロープを切って自由になった）のような"見せかけ目的語"を真の目的語にしてしまう点，そして何よりも，結果構文という同一の構文に，2 様の分析を与えている点で，有意義な一般化をとらえているとは言えない．

13.3.4. VP shell 分析

この分析は，動詞殻 (VP shell) を仮定し，その主要部の位置に動詞を付加するものである (Radford 1997: 378–379)．

(23)
```
                vP
              /    \
         DP(=NP)    v'
          |        /  \
       the acid   v    VP
                 / \   /  \
                V   v  DP   V'
                |   |  |   / \
             turned φ the  V  A
                ↑     litmus |  |
                     paper   t red
```

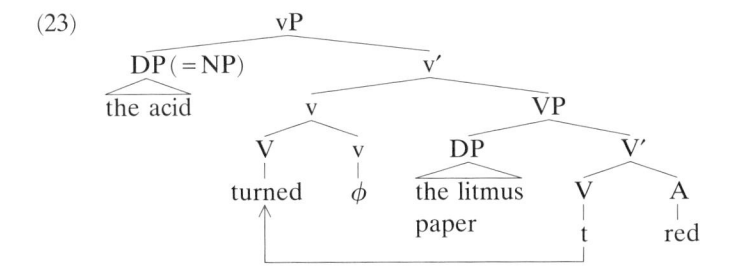

［φ は軽動詞 (light verb) で，CAUSE のような抽象的な使役動詞とされる］

この分析にはいくつかの問題点がある．

第 1 に，turn のような能格動詞 (ergative verb)[3] は，

(24) a. The litmus paper turned red.
 (リトマス試験紙が赤に変わった)
 b. The acid turned the litmus paper red.
 (酸がリトマス試験紙を赤に変えた)

のように，自動詞的にも使役動詞的にも使用できるので，VP shell 分析がうまくいくけれども，paint the door green のような他動詞出身の使役動詞の場合は，次のような不自然な構造を仮定しなければならない．

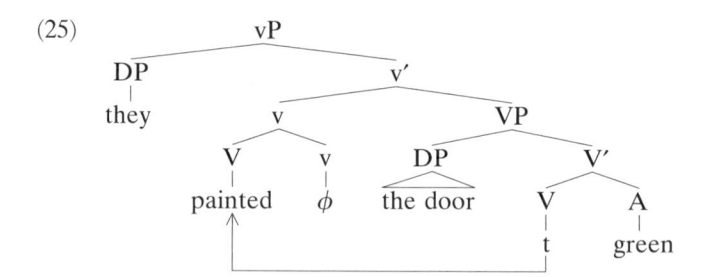

(25)

```
            vP
          /    \
        DP      v'
        |      /  \
       they   v    VP
             / \   / \
            V   v  DP  V'
            |   |  /\  / \
         painted φ the door V  A
                         |   |
                         t  green
```

すなわち，VP の構造が *the door painted green という非適格なものになってしまう．英語には他動詞の直後に形容詞がくるような構造は存在しないからである．

第 2 に，John laughed himself silly. のような本来自動詞 (= 非能格動詞 (unergative verb)) を含む結果構文の場合もうまくいかない．VP 内部の構

---

3. 能格動詞というのは，次のように，同一の名詞句が自動詞の主語と他動詞の目的語に用いられるような構文をとる動詞のことである．
 (i) The kettle *boiled*. (やかんが沸いた)
 (ii) She *boiled* the kettle. (彼女はやかんを沸かした)

造が，たとえば，*himself laughed silly のような非適格なものになってしまうからである．

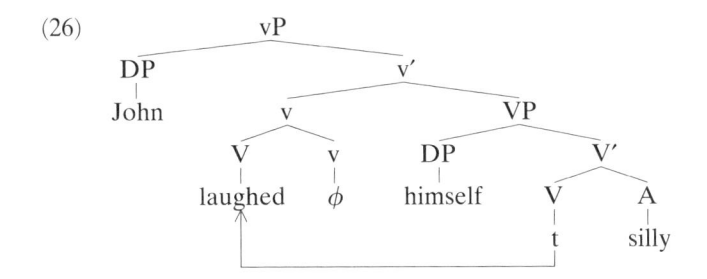

(26)
```
           vP
          /  \
        DP    v'
       John  /  \
            v    VP
           / \   / \
          V   v DP  V'
       laughed φ himself / \
                        V   A
                        t  silly
```

ちなみに，日本語の使役構文は，VP shell 分析でうまくいく．使役の助動詞 saseru を軽動詞として分析できるからである．

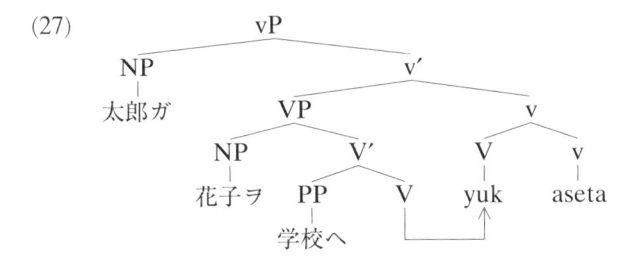

(27)
```
              vP
            /    \
          NP      v'
         太郎ガ   /  \
               VP     v
              /  \   / \
            NP    V' V   v
           花子ヲ / \ yuk aseta
                PP  V
              学校へ
```

13.4. 新しい分析

しかし，結果構文を Carrier and Randall のように，自動詞出身，他動詞出身に 2 類に分けることも，Jackendoff のように，他動詞，前置詞付き動詞，「自動詞＋再帰形または身体部位」，「自動詞＋主語と同一指示的でない名詞句」の 4 類に分けることも，統語的な一般化としてはほとんど意義がないとしてよい．なぜなら，結果構文（および使役・移動構文）に現れる動詞は，make/get/let のように本来使役動詞であるか，または，'V [NP XP]' という鋳型（template）の V の位置に「手段」の意味を内蔵する動詞をはめ込むことによって，おしなべて使役動詞化（causativize）されており，そして，使役動詞は，言語横断的に文目的語（sentential object）をとる，

と考えられるからである．

　以上見たように，どの分析にも欠点がある．そこで，本章では，次のような構造を提案したい．すなわち，使役・移動構文も，結果構文も，ともに主動詞が文目的語をとる構文である．そして，結果句 (XP) が PP をとる構文は，使役動詞 get が文目的語をとる構文をプロトタイプとして派生されるのに対して，結果構文は，make が文目的語をとる構文をプロトタイプとして派生される，と想定する．たとえば，

(28)　a.　They nailed [him into a coffin].
　　　　　（彼らは，釘を打って彼を 棺(ひつぎ) に入れた）
　　　　　[*They nailed him.]
　　　b.　Fred cooked [the stove black].　 (= (16a))
　　　　　[*Fred cooked the stove.]

の目的語は，him into a coffin, the stove black という，Jespersen の言うネクサス目的語 (nexus object) であって，動詞のあとの名詞句自体は目的語あるいは項ではない（たとえば，(28a) の nail him は，「彼に釘を打った」という意味でも，(28b) の cooked the stove は「レンジを料理した」という意味でもない．言い替えれば，ネクサス目的語全体が一つの項なのである．それは，ちょうど，

(29)　I found her gone (thus did not find her!)　　(Jespersen 1924)
　　　（彼女がいなくなっているのを発見した（つまり，見つからなかったのだ！））

のような文の場合，found の目的語が [her gone] であって，her のみでないのと同様である．((29) は確かに，ネクサス目的語を含んでいるけれども，find のような知覚動詞には使役性がないので，本章で考察している使役・移動構文あるいは結果構文には含めない．）

　こうして，ネクサス目的語は，小節 (SC) ではなく，文 (IP) であると考えられる．

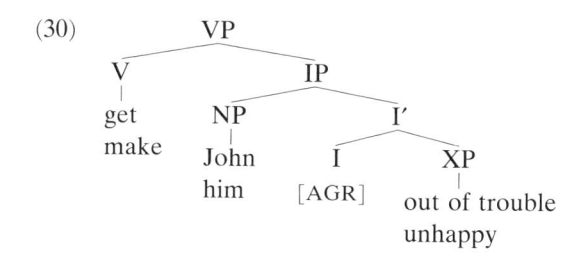

(30)
```
         VP
        /  \
       V    IP
       |   /  \
      get NP   I'
     make  |  /  \
         John I   XP
         him [AGR] |
                out of trouble
                unhappy
```

　この get/make というプロトタイプ的使役動詞 (prototypical causative verb) の上に，種々の手段の意味を含む動詞 (かりに**"手段動詞"**と呼んでおこう) を重ねることによって，きわめて生産的な両構文が派生されることになる．言い換えれば，手段中立的なプロトタイプ的使役動詞の上に，手段動詞が"融合" (conflate) されているのである．

　このことを，もっと抽象的な「意味融合」(semantic conflation) の方法を用いて定式化すると，使役・移動構文は (31a) のように，結果構文は (31b) のように表示することができる．(ただし，筆者は，語彙分解 (lexical decomposition) を行なって，(31) のような意味融合を仮定するのではなく，get/make という具体的な動詞をプロトタイプ的使役動詞と認めて分析するほうが現実的であると考えている．get/make は，いわば，使役動詞の**基本レベル・カテゴリー** (basic level category) であると考えるからである．)

(31) 意味融合 (semantic conflation)
    a. 使役・移動構文
       x CAUSE [y MOVE TO z]
       　　　|
       x　 kick　→ x CAUSE-by-kicking [y to MOVE TO z]
    b. 結果構文
       x CAUSE [y BECOME STATE]
       　　　|
       x water → x CAUSE-by-watering [y BECOME STATE]

使役・移動構文と結果構文とプロトタイプ的使役動詞との関係は，次のようにまとめることができる．

(32)　a.　両構文に現れる動詞は，自動詞・他動詞を問わず，おしな

べて使役動詞化されており，V [N XP] という構造において，結果句 (*ie* XP) が前置詞句 (PP) の場合は，プロトタイプ的使役動詞は get であり，結果句が形容詞句 (AP)（まれに名詞句 (NP)）の場合は，プロトタイプ的使役動詞は make である．

b. 補文の主語は例外的格表示 (exceptional case marking, ECM) によって対格を付与され，述語 XP から θ 役割を付与される．

c. 両構文に現れる動詞は，'get/make by Ving' とパラフレーズできることからも明らかなように，プロトタイプ的使役動詞の上に，"手段"の意味が融合している．

次の (33)，(34) において，(a) 文の結果構文を get/make などのプロトタイプ的使役動詞で書き替えた (b) 文では，手段動詞に内在する"手段"の意味が *by*-clause によって顕現化される点は注目に値する．

(33) a. They laughed the poor guy out of the room.　(= (6a))
   b. They got the poor guy out of the room **by laughing**.
(34) a. Charlie laughed himself silly/sick.　(= (2d))
   b. Charlie made himself silly/sick **by laughing**.

これに対して，"手段動詞"を用いない，get/make/let などのプロトタイプ的使役動詞の場合，使役性はあっても，手段中立的であるから，当然，*by*-clause による書き替えはできない．

(35) a. They made me mayor in 1998.
   （彼らは，1998 年に私を市長にした）
   b. Sue let the water out of the bathtub.
   （スーは，バスタブから水を抜いた）

すなわち，上の二つの文は，どのような手段で，市長になったか，あるいは水をバスタブから出したかについては，何も言っていないのである．従来の研究では，たとえば，次の (36a, b) の watered や，(37a, b) の painted を

同一のものと見るのが通例であった．

(36) a. The gardener watered the tulips flat. （＝(2c), (8a)）
b. The gardener watered the tulips.

(37) a. They painted their house green.
b. They painted their house.

しかし，(a) 文と (b) 文に現れる動詞は，同一のものではない．なぜなら，(36b) の watered, (37b) の painted は，それぞれ，「水をかける」，「ペンキを塗る」という意味の単純な他動詞であるのに対して，(36a) の watered, (37a) の painted は，それぞれ，make by watering, make by painting という意味の使役動詞になっているからである．日本語の場合は，使役の形態素 -sase によって，他動詞と使役動詞の差が明白であるが，英語の場合は，なまじ他動詞と使役動詞との形態的な違いがないことが，この決定的に重要な差異の認識を妨げる原因になっていると考えられる．

　従来，両構文が補文を含むという分析をした人たちも，その補文を小節 (small clause, SC) と見る分析がほとんどであったが，筆者は，その補文を文 (S＝IP) と考えている．[4] (30) において，I [AGR] としたのは，たとえば，英語では，(38) のように

(38) a. They thought [it *him*].
b. I thought [them *fools*].

補文の主語と述語との間に格と数の一致現象が見られ，また，フランス語では，補文の主語と述語の間に性と数に関する一致現象が見られるからである (Haegeman and Guéron 1999 も，SC ではなく IP と見る)．

(39) a. Je considére [Jean intelligent]. ［男性・単数］
（私は，ジャンは聡明と考えている）

---

4. Jespersen (1924: 122) は，つとにこの目的語を「結果を表すネクサス目的語」(nexus object of result) と呼び，たとえば，He slept himself sober (眠って酔いをさましました) では，[himself sober] というネクサスが目的語であると分析している．

b.　Je considére [Marie intelligente].　　［女性・単数］
　　　　　（私は，マリーは聡明だと考えている）
　(40)　a.　Je considére [Jean tres intelligent].　　　［男性・単数］
　　　　　（私は，ジャンはとても聡明だと考えている）
　　　b.　Je considére [les femmes tres intelligentes].　［女性・複数］
　　　　　（私は，その女性たちはとても聡明だと考えている）

無動詞節を IP と分析するならば，SC という特別のカテゴリーを認める必要がなくなり，それだけ文法が簡潔になる．

13.5.　結果構文の制約

①　いかなる動詞が結果構文を形成するのだろうか？ すべての他動詞が結果構文に用いられるわけではない理由を説明するために，Simpson (1983) は，被影響性 (affectedness) という概念を導入する．そして，「知覚動詞 (perception verb) は，一般に知覚の対象に影響を与えない」として，次の文の非文法性を説明しようとしている．

　(41)　a.　*Medusa saw the hero into stone.
　　　b.　*He watched the TV broken.

これに対して，Hoekstra (1988: 118) は，(42) のような例では動詞のあとの名詞句は直接的な働きかけは少しも受けていないのであるから，むしろ，状態動詞 (stative verb) は結果構文をとらない，とするほうが正確であるように思われる，と述べている．

　(42)　a.　He laughed himself sick.
　　　　　（彼は笑って気分が悪くなった）
　　　b.　He washed the soap out of his eyes.
　　　　　（彼は目から石けんを洗い落とした）
　　　c.　We talked her out of her crazy schemes.
　　　　　（彼女と話し合って気違いじみた計画をやめさせた）

第 13 章　構文とプロトタイプ

だとすれば，動作動詞が結果構文をとるということになるが，動作動詞であっても，次のように容認不可能な場合がある．

 (43) *The hammer broke the vase into pieces.
(Goldberg 1991: 165)

したがって，結果構文をとる動詞は，知覚動詞・動作動詞にかぎらず，使役動詞のうち，その表す動作が何らかの因果関係を生むたぐいのものでなければならない，と規定するほうが妥当性が高いと思われる．

 ② "見せかけ目的語"(fake object) は，項 (argument) なのか，それとも，付加詞 (adjunct) なのか？"見せかけ目的語"というのは，次のような，自動詞／他動詞の目的語になりえないような語句が結果構文において動詞の直後に生じているものである．

 (44) a. He drove his tires bald.
     （彼は車を運転して，タイヤの刻みがなくなった）
   b. The baby cried itself to sleep.
     （赤んぼうは，泣き寝入りした）
   c. He talked himself blue in the face.
     （彼はしゃべりまくって，顔が青くなった）

Jackendoff (1990) は，"見せかけ目的語"が項であるという，Carrier and Randall (1989) の主張に反対して，それは付加詞であると主張する．一方，Goldberg (1995) は，次の直接目的語のもつ，二つの特徴を挙げて，"見せかけ目的語"が項でないとする議論は成立しない，と主張する．

第 1 に，問題の名詞句は受動構文の主語になれる．

 (45) The baby was barked awake every morning by the neighbor's noisy dog. (Goldberg 1995: 186)
   （赤んぼうは，毎朝，隣のやかましい犬にほえたてられて目をさました）

第 2 に，問題の名詞句は動詞の直後に生じ，両者の間に介在する要素が

あってはならない．

(46) *The dog barked ferociously the baby awake.　　(Ibid.: 186)

われわれの立場でこのことを説明するならば，次のようになる．すなわち，結果構文は，上述したように，

(47) The dog barked [the baby awake].
（犬が吠えて赤んぼうが目をさました）

のような補文を目的語としてとる．つまり，補文全体が項である．その証拠に，the baby は barked によって θ 標示されるのではなくて，補文中の述語 awake によって θ 標示されている．ところが，例外的格標示（ECM）によって，the baby が barked によって対格を付与されたときから，あたかも直接目的語（すなわち，項）であるかのようにふるまいはじめるのである．それは，(48a) のような，典型的な ECM 構文において，補文の主語が対格を付与され，そのことによって，(48b) のように，受動文の主語になれるのと平行している．しかし，厳密に言えば，(48b) の主語は，His son ではなく，His-son-to-be-alive，つまり，分離主語である（＝信じられているのは，「彼の息子」ではなく，「彼の息子が生きていること」である）．したがって，"見せかけ目的語" は，項でも，付加詞でもなく，補文の主語である．

(48) a. They believe his son to be alive.
（彼らは，彼の息子が生きていると信じている）
b. His son is believed to be alive.
（彼の息子は，生きていると信じられている）

③　結果構文の表す結果は，動作の自然な結果を表すものでなくてはならない（Goldberg 風に，"慣習化されたシナリオ"（conventionalized scenario）と言ってもよい）．たとえば，wash は to make sth/sb *clean* using water and usually soap (OALD[7]) ということだから，(49a) の dirty は不適切になる．同様に，wipe は to rub sth against a surface, in order to *remove dirt or liquid* from it (OALD[7]) という意味だから，(49b) の low も

不適切である.

(49) a. She washed a towel *clean*/*dirty.
(彼女は,タオルを洗ってきれいに/*汚くした)
b. She wiped the table *shiny*/*low.
(彼女はテーブルを拭いてぴかぴかに/*低くした)

④ 多くの話し手にとって,結果構文の主語は有生の使役者 (instigator) のみが容認可能である.有生であっても意志が必要とされないので,次の例で見るように,主語は必ずしも行為者 (agent) でなくてもよい (Goldberg 1995).

(50) a. She coughed herself sick.
(彼女はせきこんで,気分が悪くなった)
b. She slept herself sober.　(彼女は眠って酔いをさました)
c. *The feather tickled her silly.　　(Goldberg 1995: 193)

Goldberg は,ただし,ある方言では無生の使役者も容認可能だとして,次の例を挙げている.しかし,これらの文の主語は動く機能をもった道具であるから,むしろ,擬人化のメタファーが作動している,と考えるべきであろう.

(51) a. The jackhammer pounded us deaf.
(空気ハンマーがガタガタたたかれて,私たちは耳が聞こえなくなった)
b. The alarm clock ticked the baby awake.
(目覚ましがカチカチ音を刻んで,赤んぼうが目をさました)
(以上 Goldberg 1995: 193)

しかし,Goldberg も気づいているとおり,この制約は make, fill などの語彙的使役動詞 (lexical causative) にはあてはまらない.語彙的使役動詞の基本的な意味は,結果構文とは無関係に,状態の変化を含意するからである.

(52) a. Water filled the tub half full.
（水がタブを半分まで満たした）
b. The sleeping pill made me sick.
（睡眠剤で気分が悪くなった）　（以上 Goldberg 1995: 193）
c. The noise from the neighbours is driving me mad.
（隣人たちがやかましくて，気が狂いそうだ）

⑤　因果関係は，直接的でなければならない．すなわち，原因と結果の間に時間的間隔があってはならない（Goldberg 1995: 195）．

(53) Chris shot Pat dead.　（クリスは，パットを撃ち殺した）

この文は，クリスがパットを銃撃し，パットはのちに病院で死んだという意味にはならないで，パットは銃撃されて即座に死んだ，という意味を表す．Goldberg のこの意見は，原則として正しいと思われるが，次例のように，原因が長期にわたって積もり積もったあげく，ようやく結果が生じる場合もあることを認めなければならない．これは，「本を読みすぎて，ついに馬鹿になった」という意味であって，特定の本を読んで即座に馬鹿になった，という意味ではない．

(54) He read himself stupid.　　　　　　　　　(Schopenhauer)

⑥　結果句 XP は，AP, PP, NP のいずれであってもよいが，それは状態 (state) を表すものでなければならない．結果構文は，因果関係によって生じた「状態」を述べるものであるからには，それは当然の要請であると思われる．AP は，結果句のうちで最も普通のものであるが，多くの研究者が指摘するとおり，-ing や -ed で終わる動詞的分詞が結果句として生じないのは，なぜだろうか．

(55) a. She kicked the door open.
（彼女は，ドアをけって開けた）
b. *She kicked the door opened.
c. *She kicked the door opening.

Carrier and Randall (1992) は，Simpson (1983), Smith (1983) に従って，-ed や -ing の分詞が結果句として使えないのは，結果句の意味と -ed や -ing の分詞の意味の間には"アスペクトの衝突"(aspectual clash) がある，という解釈を提案している．Carrier and Randall が"アスペクトの衝突"という用語で正確に何を意味しようとしているのかは定かでないが，Winkler (1997) は，現在分詞も過去分詞も典型的に主文の動詞の表す時との同時性 (cotemporality) を表すので，[5] **有界的** (delimiting)——時間の終点 (endpoint) を表す——表現として機能することができないという事実によって，"アスペクトの衝突"を説明することができる，としている．筆者も，この見解を支持したい．この -ing, -ed 分詞は，主文の動詞との同時性を表している次の例の -ing, -ed 分詞の用法と平行していると考えられるからである．

(56) a. I heard the door opening.　　　　　　　　(Palmer 1965)
 　　　 （ドアが開いている音が聞こえた）
 　　b. He watched his team beaten.　　　　　　　　(Ibid.)
 　　　 （彼は，自分のティームが負けるのを見た）

Levin and Hovav (1995) も，結果句は**終結的** (telic)，あるいは**有界的** (delimited) なアスペクトをもつ動詞句と両立可能 (compatible) なものでなければならない，としている．[6]

---

5. 主語指向や目的語指向の描写形容詞 (depictive adjective) の表す時も，主文の動詞の表す時と同時的 (cotemporal) でなければならない．
　(i) a. Howard$_i$ drove home drunk$_i$.
　　 b. Jake drinks beer$_i$ stale$_i$.　　　　　　　　　　(Winkler 1997)
　　 c. We heated the coffee hot/*tepid.　　　　　　(Napoli 1992)
　　 d. He talked himself hoarse/?a little hoarse.　(Goldberg 1995: 196)
6. "終結的"と"非終結的"とを区別する最も簡単なテストは，前者は *in*-phrase, 後者は *for*-phrase と共起できるか否かである．(i) は，結果構文が終結的動詞句とのみ共起できることを示している．
　(i) The waiter wiped the table dry *in*/**for* two minutes.
　　　　　　　　　　　　　　　　　　　　(Levin and Hovav 1995: 58)

⑦ Goldberg (1995) や Napoli (1992) の主張によれば，大部分の AP 結果句は目盛りの下限を表すものでなければならない．

 (57) a. She wrung the shirt dry/*damp.
    （彼女は，シャツをしぼって乾かした／*ジメジメさせた）
   b. She watered the tulips flat/*droopy.
    （彼女は，水をかけてチューリップを倒した／*しなだれさせた）

しかし，次のような例は，この制約に対する反例になる．

 (58) a. Water filled the tub *half full*.
    （水がタブの半分まで満たした）
   b. Till he had drunk himself *sleepy*.
             (Stevenson, *Treasure Island*)
    （酒を飲んで眠くなるまで）

13.6. 類似構文

最後に，あるプロトタイプ的動詞（使役動詞でないものも含む）を用いて，生産的に類似構文が派生される例を考察する．

13.6.1. BODY PART *off* 構文

この構文のプロトタイプは，使役・移動構文である．したがって，get NP (=body part) off by Ving とパラフレーズできる．

English Linguistics の第 17 巻に，(59) の二つの文を比較して，(59a) は文字どおり，「嘲笑して舞台から降ろす」という意味であるが，(59b) は現実世界の知識に照らして，いくら笑っても頭がちぎれるわけではないので，両者は別構文である，という旨の論文が載っているが，私見では，ともに使役・移動構文にほかならない．後者は，「頭がちぎれるくらい大笑いした」という誇張表現 (hyperbole) であって，日本語の「半日歩きづめで，脚が

棒になった」などと同断である．Quirk et al. (1985: 1155) も，I was laughing my head off. のような構文を**様式化された誇張表現**（conventionalized hyperbole）と称している．

(59) a. They laughed the actor off the stage. ［＝ caused the actor to go off the stage by laughing］
b. They laughed their heads off. ［＝ Lit. caused their heads to come off by laughing］

次の (60) のイディオムも，使役・移動構文を用いた誇張表現である．

(60) a. They worked their heads/hands/butts off.
（彼らは，しゃかりきに働いた）
b. Don't start a conversation with John — he could talk the hind legs off a donkey.
（ジョンと会話をはじめちゃいけない――のべつ幕なしにしゃべりまくるから）
c. I'll knock your head/block off.
（お前の頭をぶんなぐってやるぞ）
＝ I'll knock (the) hell out of you.

13.6.2. way 構文

　高見・久野 (2002: 123) は，'V one's way' の V が他動詞の場合は，one's way は他動詞の目的語であるが，自動詞の場合は one's way は副詞語句である，と論じている．

　しかし，この構文に二つの種類はない．この構文のプロトタイプは，結果構文ではなく，make one's way（進む）であり，この場合は，手段の意味は含まない．通例，あとに経路（path）または着点（goal）を表す前置詞句を伴う．

(61) He made his way to Oxford.
（彼はオックスフォードへ進んでいった）

これに対して，"手段動詞"を用いた場合は，(62) のように，by Ving という「手段」の意味と，(63) のように，while Ving という「様態」の意味を表すが，Goldberg (1995) によれば，(b) の意味は周辺的である（ただし，whistle one's way はごく普通に使われている）．

(62) a. He *shouldered/pushed/threaded/fought his way* through the crowd.
（彼は人混みを肩で押し分けて／押し分けて／縫うように／苦労しながら進んでいった）［＝ make one's way by Ving］

b. I *puzzled my way* through geometry.
（私は迷いながら幾何を勉強していった）

c. Becky managed a smile as she *munched her way* through a peach. (Archer, *As the Crow Flies*)
（ベッキーは，桃をむしゃむしゃ食べながら，どうにかにんまりした）

d. He *lurched his way* over to Soho.
（彼は，よろめきながらソーホーへ足を運んだ）

(63) He *belched/hiccupped/whistled his way* out of the restaurant.
（彼は，げっぷをしながら／しゃっくりをしながら／口笛を吹きながら，レストランから出て行った）［＝ make one's way while Ving］

13.6.3. 'time' away 構文

この構文のプロトタイプは，pass time away（時を過ごす）であり，過ごし方については何も言っていない．pass 以外の動詞をこの鋳型にはめ込むと，(64) の例のように，in Ving という様態の意味が加わる．

(64) a. Fred *drank* the night *away*.
（フランクは，酒を飲んでその夜を過ごした）
［Frank passed the night away in drinking.］

b. We *slept/read/daydreamed/waltzed* the whole afternoon

away.
（私たちは，その日の午後じゅう，寝て／読書して／白昼夢を見ながら／ワルツを踊って過ごした）

c. He *idled away* his youth.
（彼は青年期をのらくらして過ごした）

d. I *whiled away* the afternoon, basking in the sun.
（私はひなたぼっこをしながら，のんびりと午後を過ごした）

13.6.4. V to one's feet

この構文のプロトタイプは，get to one's feet（立ちあがる）であり，立ち上がり方については，何も言っていない．get 以外の動詞の場合，by Ving という手段の意味が加わる．

(65) John *jumped*/*scrambled*/*staggered*/*leapt*/*sprung*/*clambered*/*lurched* to his feet.
（ジョンは，ぱっと／急いで／よたよたと／さっと／ぴょんと／苦労して／よろめきながら，立ちあがった）
[＜John got to his feet by jumping, etc.]

13.6.5. V out

このタイプは，たとえば，take out（取り出す）という具体的な動作を表す表現をプロトタイプとして，取り出し方の意味の加わった様々なイディオムを作り出す．

(66) He *took out* a handkerchief and blew his nose.
（彼はハンカチを取り出して，鼻をかんだ）

(67) a. I tried to *think out* the best method.
（私は最良の方法を考え出そうとした）

b. I can't *fathom out* what he's up to.
（彼が何をたくらんでいるのか，推しはかれない）

c. Have you *figured out* the answer?

　　　　　（答えを考え出しましたか）
　　d.　We couldn't *puzzle out* the inscriptions.
　　　　　（その碑文を判じることができなかった）
　　e.　I have *reasoned out* the answer to your question.
　　　　　（あなたの質問への答えを推論して考え出しましたよ）
　　f.　It took her ten minutes to *work out* the problem.
　　　　　（その問題を解くのに彼女は10分かかった）

13.6.6.　V up

このタイプは，「... し尽くす」という意味のイディオムを作る．このクラスでは，動詞の意味よりも，不変化詞 up の意味が，優先的に構造的意味を決定するように思われる．

(68)　a.　The boxer seemed *used up* his remaining strength.
　　　　　（ボクサーは，残っている力を使い果たしたようだった）
　　b.　Please *eat up* everything on your plate.
　　　　　（皿の上のものを残らず食べてしまってください）
　　c.　She *drank up* her beer in one gulp.
　　　　　（彼女は，一気にビールを飲み干した）
　　d.　I *used up* a whole roll of film.
　　　　　（私はフィルムを1本使い切った）

第 14 章

over の意味分析

14.0. はじめに

　本章の目的は，まず，Lakoff (1987) の認知意味論的なアプローチによる over の分析，および，その改良を試みた Dewell (1994) の over の分析を検討した上，両者の分析が不当に複雑であることを指摘すること，次に，筆者自身の，もっと簡潔な中心的イメージ・スキーマに基づく分析を提案することである．

14.1. Lakoff (1987) の分析およびその批判

　over に関する詳細な認知意味論的な研究を最初に提示したのは，Brugman (1981) の MA 論文であるが，その後，Lakoff (1987) が，Brugman の分析に改良を加え，イメージ・スキーマ変換，事例のリンク，類似性のリンクを用いて，over がプロトタイプ的な意義を中心にして拡張する放射状カテゴリー (radial category) を形成すると主張した．

　Lakoff は，まず，Brugman とともに over の中心的な意味を above-across「上方を横切る」と仮定し，これを"スキーマ 1"と称した．

14.1.1. スキーマ 1: above-across「上方を横切る」

(1) The plane flew *over*.
(飛行機が上空を飛んでいった)［スキーマ 1］

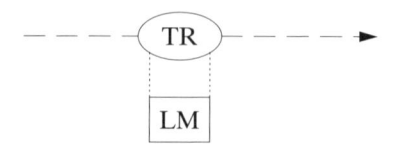

```
- - - -( TR )- - - - →
        |
       LM
```

(1) のイメージ・スキーマにおいて，トラジェクター (trajector, TR) は，参与項間で最も際立つ "図柄" (figure) を表し，ランドマーク (landmark, LM) は，その背景となる "地づら" (ground) を表す．TR は前景であるから，文中に必ず存在しているが，LM は背景であるから，(1) のように顕在していない場合もある．(1) の場合，「われわれの頭上」，「町」のような LM が含意されていると考えなければならない．

さらに，LM の形状，TR と LM との接触・非接触の特徴，および，経路のどの部分に焦点が置かれるかによって，次のような，スキーマ 1 の変異体が生じる．

(2) The bird flew *over* the yard.
(鳥は，庭の上を飛び越えていった)［スキーマ 1. X. NC］

(3) The plane flew *over* the hill.
(飛行機は，丘の上を飛び越えていった)［スキーマ 1. VX. NC］

(4) The bird flew *over* the wall.
(鳥は，塀の上を飛び越えていった)［スキーマ 1. V. NC］

(5) Sam drove *over* the bridge.
(サムは，車で橋を越えていった)［スキーマ 1. X. C］

(6) Sam lives *over* the hill.
(サムは，丘の向こう側に住んでいる)［スキーマ 1. VX. C. E］

(7) The dog jumped *over* the fence.
(犬は，フェンスを跳び越えた)［スキーマ 1. V. NC. G］

ここで，角括弧内の頭文字は，それぞれ，次のような意味特徴を表している．

(8) a. X (=extended): LM が水平方向に伸びている
b. V (=vertical): LM が垂直方向に伸びている
c. VX (=vertical and extended): LM が垂直・水平方向に伸びている
d. C (=contact): TR と LM が接触している
e. NC (=noncontact): TR と LM が接触していない
f. E (=end-point focus): 経路の終点に焦点が置かれている
g. G (=ground): 始点と終点がともに地面である

このとき，(2)-(7)はスキーマ1の"事例のリンク"(instance links)を作り，そして，(2)-(7)は互いに"類似性のリンク"(similarity links)を作ると言われる．たとえば，(6) Sam lives *over* the hill. の"スキーマ1.VX. C. E"というスキーマ名は，「スキーマ1を基にして(1)，LM が垂直・水平方向に伸び(VX)，TR と LM が接触し(C)，経路の終点に焦点が置かれている(E)」ということを表している．

14.1.2. スキーマ2: above「上に」

スキーマ2は，経路をもたない静的なスキーマで，above とほぼ同義的に「上に」という意義を表す．

(9) The picture is *over* the fireplace.
(絵は暖炉の上にある)［スキーマ2］

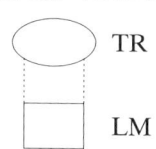

スキーマ2の変異体として，TR が点的ではなく，電線のような一次元的な TR の場合がある．これは，スキーマ2.1DTR と呼ばれる．

(10) The power line stretches *over* the yard.

（電線が庭の上を伸びている）［スキーマ 2. 1DTR］

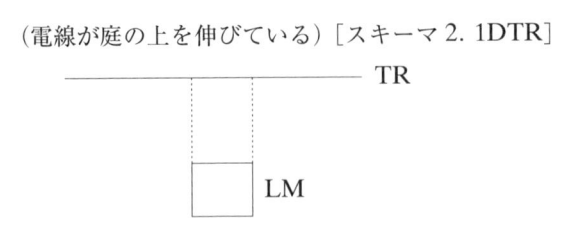

14.1.3. スキーマ 3: covering「覆う」

TR と LM がともに二次元的な場合，「上に」という意義をもつスキーマ 2 の変異体として，「覆う」(covering) という意義を表すスキーマ 3 が得られる．

 (11) The board is *over* the hole.
   （板は穴の上にかぶせてある）［スキーマ 3］

LM を覆う TR が多重 (multiplex, MX) である場合，このスキーマはスキーマ 3. MX と名づけられる．この場合，TR が LM 全体を覆うことをより明確にするために，LM が all, most, entire などの "全体性" を表す数量詞や形容詞を伴うことが多い．

 (12) The guards were posted all *over* the hill.
   （番兵が丘の上全体に配置されていた）［スキーマ 3. MX］

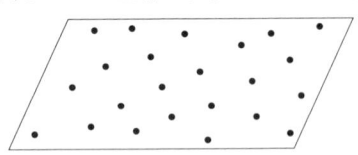

次の例では，多重 TR のたどった経路 (path, P) がスキーマ全体を覆っている．このスキーマは，スキーマ 3. MX. P と表記される．この場合も，

第 14 章　over の意味分析　　137

LM はやはり全体性を示す数量詞や形容詞を伴っている．

(13) a. I walked all *over* the hill.
(私は丘の上をくまなく歩きまわった)［スキーマ 3．MX. P］
b. I've hitchhiked *over* the entire country.
(私はヒッチハイクして，その地方一帯を回った)［同上］

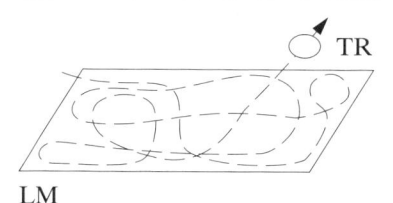

以上のスキーマ 3 の変異体は，すべて TR が LM を上から覆う場合であるが，(14) の例のように，TR が回転 (rotated, RO) した LM を覆っている場合もある．このスキーマは，"回転 (RO) のスキーマ"と呼ばれる．

(14) a. There was a veil *over* her face.
(彼女の顔には，ベールで覆われていた)［スキーマ 3．RO］
b. There were flies all *over* the ceiling.
(天井にハエがいっぱいとまっている)［スキーマ 3．MX. RO］
c. The spider had crawled all *over* the ceiling.
(クモが天井全体をはいまわっていた)［スキーマ 3．MX. P. RO］

(14c) のスキーマ 3．MX. P. RO は，多重 TR のたどった経路 (P＝クモの足跡) が，回転した LM (＝天井) 一面を覆っていることを表している．

14.1.4.　スキーマ 4：　reflexive「再帰的」

これまで見てきた *over* のイメージ・スキーマでは，TR と LM とが別々に存在していた．しかし，Lakoff は，Lindner (1981) に従って，次例のような場合，TR と LM が同一物であると仮定し，これを"再帰的スキーマ"

と命名している

(15)　a.　Roll the log *over*.　（丸太をころがせ）［スキーマ４］
　　　b.　Turn the paper *over*.　（紙をめくりなさい）［同上］

TR = LM

(15) は，丸太や紙の一部 (TR) が，残りの部分 (LM) の「上を横切っていく」ものとして捉えられている．言い替えれば，丸太や紙が TR と LM の両方の役割を果たしているわけで，このような場合，TR は "再帰的 TR" と呼ばれる．

次の例では，TR の（一部ではなく）全体が，再帰的経路 (reflexive path, REP) の後半部のみをたどる，と Lakoff は考えている．

(16)　The fence fell *over*.
　　　（フェンスが倒れた）［スキーマ 4. RFP］

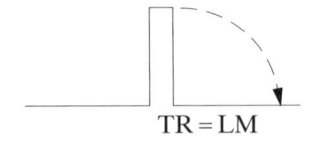

TR = LM

14.1.5.　スキーマ 5：　excess「超過」

over がおもに接頭辞として用いられるとき，「超過」を意味することがある．

(17)　a.　The bathtub *over*flowed.　（バスタブの水があふれた）
　　　b.　I *over*ate.　（食べ過ぎた）

Lakoff は，この「超過」のスキーマは，(7) の The dog jumped *over* the fence. のようなスキーマ 1. V. NC. G に，「活動は，それに対して注がれたエネルギーを入れる容器である」というメタファーが加わっている，と説明している．「容器」とは，この場合，「バスタブ」と「胃」である．

14.1.6. スキーマ 6: repetition「反復」

次例のような over は，特にアメリカ英語において「反復」の意義を表す．

(18) Do it *over*. （もう一度やり直せ）

Lakoff は，このスキーマは，Sam drove *over* the bridge. のような，スキーマ 1. X. C の上に，次の二つのメタファーが加わっていると主張する．すなわち，まず，経路はメタファー的に「活動の道筋」として理解される（これは，「活動は旅である」という，さらに一般的なメタファーに基づく）．

次に，LM はメタファー的に「すでに完了した活動」として理解され，TR がその活動をもう一度行う，という「反復」の意義をもつ，と言うのである．（この説明はわかりにくく，いかにも苦しいと言わざるをえない．）

14.1.7. over のメタファー的な意義

Lakoff は，以上見てきたようなイメージ・スキーマの上に，さらにメタファーが関与するケースがあると考えている．たとえば，

(19) She has a strange power *over* me.
（彼女には，奇妙に私を支配する力がある）

という文の場合，「上に」というスキーマ 2 の上に，「支配力は上，支配力の欠如は下」というメタファー的写像が適用され，彼女が私に対して支配力をもつことが含意される，とする．次の

(20) Sam was passed *over* for promotion.
（サムは，昇進からはずされた）

の場合，スキーマ 1 の上に，「支配力は上，支配力の欠如は下」というメタファーと，「選択することは触れること」という，二つのメタファーが関与している，とする．つまり，サムの上を通り過ぎる人は支配力があることを含意し，接触がないことは選択されないことを含意する，と言うのである．この説明もかなり苦しい．

以上見てきたように，over は，スキーマ 1 を中心とする放射状カテゴリー

を形成するというのが，Lakoff の主張である．

14.2. Lakoff (1987) の問題点

　Lakoff (1987) の最大の問題点は，TR の形状，動詞の意味，LM の形態的特徴までも over の意味に含めたため，over を 20 に近い，異なったイメージ・スキーマをもつ，不当に複雑な多義語にしてしまった点である．私見では，前置詞というものは，関係概念を表すものとして，もっと単純なのでなければならない．
　以下，Lakoff の問題点を，スキーマごとに論評してみよう．
　① スキーマ1「上方を横切る」：(*a*) Lakoff は，スキーマ1の"事例"(instance) として，次の7種を認める．

(21) 　a.　The bird flew *over* the yard.　[1. X. NC]
　　　b.　The plane flew *over* the hill.　[1. VX. NC]
　　　c.　The bird flew *over* the wall.　[1. V. NC]
　　　d.　Sam drove *over* the bridge.　[1. X. C]
　　　e.　Sam walked *over* the hill.　[1. VX. C]
　　　f.　Sam climbed *over* the wall.　[1. V. C]
　　　g.　The dog jumped *over* the fence.　[1. V. NC. G]

そして，それぞれのイメージ・スキーマは，TR と LM の形状，接触・非接触の特徴によって，すべて異なったものとなる．けれども，X（水平方向への広がり），V（垂直方向への広がり），VX（垂直・水平方向への広がり）は，それぞれ，LM の形状から予測できるものであり，over 自体に内在する意味ではない（したがって，これらの意味特徴は不要である）．すなわち，「庭」や「橋」は定義上「水平方向に広がって」いるものであり，「壁」や「塀」は定義上「垂直方向へ伸びて」いるものであり，「丘」は定義上「垂直・水平方向へ広がって」いるものである．
　(*b*) 次に，C/NC（接触/非接触）の特徴は，動詞の意味から予測されるものである．たとえば，「飛ぶ」ものは LM と非接触であるが，「車」で橋を

渡ったり，塀を「よじ登ったり」するならば，LM と接触するのは理の当然である．したがって，C/NC も，over の内在的意味ではないことがわかる．

(***c***) (21g) の G (始点と終点がともに地面) という特徴は，over の意味にとってまったく非関与的 (irrelevant) である．犬が飛び越えたフェンスの向こうは，地面かもしれないし，川かもしれないし，堀・海・湿地であるかもしれないからである．

(***d***) なお，Lakoff は，終点焦点化 (E) の特徴は，LM が水平方向に広がる場合だけに付加されるもので，LM が垂直方向に伸びるものの場合は，E の意味が加わることはない，したがって，Sam lives over the wall. という文があるとしても，「壁の向こう側に住んでいる」という意味にはならない，としている．しかし，この制約は，言語の実体を反映していない，と言わなければならない．なぜなら，Dewell (1994: 358) の指摘や母語話者の反応からもわかるように，ベルリンの壁や刑務所の塀のような場合，垂直の LM でも「壁の向こう側に」という意味は完全に容認可能なのである．

② スキーマ 2「上に」： (***a***) これは，経路をもたない静的なスキーマで，次例に見られるように，above とほぼ同じく「上に」という意義を表す，とする．

(22)　The picture is *over* the fireplace.　(= (9))

しかし，あとで触れる，**分節** (segment) のプロファイルという考え方を用いるならば，これは中心的なスキーマである弧の頂点 (peak) をプロファイルしたものにすぎず，over のイメージそのものに変わりはない．また，(23) の例で「一次元の TR」という特徴は，TR (*ie* 電線) の形状を述べたものにすぎない．電線が庭の「上に」伸びているという点では，(22) と同じである (「伸びている」という意味は，stretch の意味である)．

(23)　The power line stretches *over* the yard.　(= (10))

③ スキーマ 3「覆う」： (***a***)「上に」という意義をもつスキーマ 2 の変異体として，「覆う」(covering) という意義を表す，とされる．

(24)　a.　The board is *over* the hole.　(= (11))

b.　The city clouded *over*.
　　　　（町の上空が雲で覆われた）

　しかし,「覆う」の意味は, over の頂点がプロファイルされているというよりも, She put a rug *over* the sleeping child. の場合いっそう明らかであるように, むしろ, over の中心的スキーマである半円形全体が関与すると考えるべきであろう.「覆い」の意味は, TR と LM がともに, 少なくとも二次元的である場合に生じるのであって, 穴の上に板が置かれ, 町の上に雲が広がり, 眠っている子どもの上に毛布が広げられるならば, 必然的に LM は観察者の視野から遮られるのである.

　(***b***) Lakoff は, (25) のように, LM を覆う TR が多重 (multiplex, MX) である場合, このスキーマを"スキーマ 3. MX"と名づけている. この場合も, MX という特徴は TR のものであって, 話し手は番兵やソバカスを一つの"集合"(set) と認識しているのである. その番兵の集合が丘の上全体に配置され, ソバカスの集合が身体全体にあるならば, LM は当然, その集合によって覆われることになる.（all および most の影響にも注意.）

　(25)　a.　The guards were posted all *over* the hill.
　　　　b.　He has freckles *over* most of his body.
　　　　　　（体の大部分にソバカスが付いている）

　④　スキーマ 4「再帰的」：Lakoff や Dewell は, このスキーマでは, TR が同時に LM の役割を果たすとしているが, しかし, 物理的に言って, LM（この場合, ＝支点 (fulcrum)）がなければ, TR は回転しないはずである. たとえば, Lakoff (1987: 430) の挙げている The syrop spread out. にしても, (26) では太字体で示す LM が顕在している.

　(26)　a.　The syrup spread out all *over* **the table**.
　　　　　　（シロップがテーブルに上全体に広がった）
　　　　b.　The search party spread out *over* **the moor**.　(OALD[6])
　　　　　　（捜索隊は, 荒野の上全体に散開した）

さらに, 次例でも, the children は TR ＝ LM ではなくて, the gentle

slope が LM であると解釈できる．

(27) The children rolled *over* and *over* **down the gentle slope**.
（子どもらは，ゆるやかな斜面をぐるぐるころがった）

⑤　スキーマ5「超過」：Lakoff は，このスキーマは，スキーマ1. V. NC. G (*eg* The dog jumped over the fence. (＝(7))) を基にし，さらに「活動はそれに対して注がれたエネルギーを入れる容器である」というメタファーが加わっているとするが，浴槽の水があふれるとき，非接触 (NC) ではありえない．もっと単純明快な説明は，(66) の代案を見られたい．

⑥　スキーマ6「反復」：Lakoff の反復のスキーマの説明は，上で見たように，非常にわかりにくい．筆者の考えは，やはり，153 ページを見られたい．

⑦　over のメタファー的意義：(***a***)「支配」を表す over の筆者のイメージ分析は，(64) を見られたい．

(***b***) (20) で見たように，Lakoff は，次の例は，「上に」というスキーマ 2 の上に，二つのメタファーが関係しているとして，非常に苦しい説明をしている．

(28) Sam was passed *over* for promotion. (＝(20))

私見では，話し手の脳裏にあるのは，over の中心的なイメージであると思われる．すなわち，彼の後輩が彼の上を「飛び越えて」あるいは「追い越して」いったのである．

14.3. Dewell (1994) の分析

Dewell (1994) は，イメージ・スキーマ変換をもっと多用し，X, VX, NC などの特徴分析 (feature analysis) の名残を払拭することで，Brugman/Lakoff の分析を改良できると主張する．また，over の中心的なスキーマとしては，Brugman や Lakoff が考えているような「上方を越える」(above-across) よりも，むしろ，「弧を描く経路」(arced path)，または「半

円形の経路」(semicircular path) を仮定するほうが一段と直観的に正しいように思われる，としている．

14.3.1. 中心的なスキーマ： 半円形の経路
中心的なスキーマの典型的な例は，次のような例に見られる．

(29) The plane flew *over*. (= (1))
(30) The dog jumped *over* the fence. (= (7))

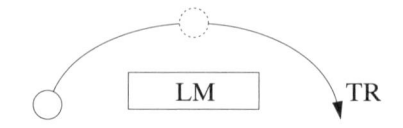

14.3.2. プロファイルされた分節
Dewell は，over の中心的なスキーマに働く，最も明白なイメージ・スキーマ変換 (image-schema transformation) として，「部分―全体」という提喩 (synecdoche) を用いて際立てる方法を示唆している．この方法によって，経路の特徴的な分節 (segment) がプロファイルされることになる．

(31) 中心部分のプロファイル
    a. The bird flew *over* the yard. (= (2))
    b. The plane flew *over* the hill. (= (3))

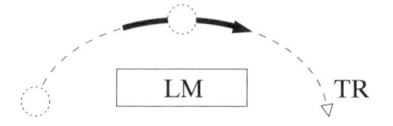

これはスキーマ1の中心部分を焦点化したもので，点線で描かれた，経路の残りの部分は語用論的に含意される．

(32) 上向き部分のプロファイル
    a. The plane climbed high *over* the city.
       （飛行機は，町の上へ高く上昇していった）
    b. The sun came up *over* the mountain.

(太陽は，山の上へ昇ってきた)

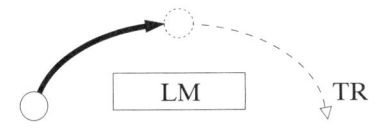

上のような例では，始点から頂点に至る上向きの経路がプロファイルされている．

(33) 下向き部分のプロファイル
　　　a．Sam fell *over* the cliff.　（サムは，崖から落ちた）
　　　b．He *over*shot the target.　（的を越してしまった）

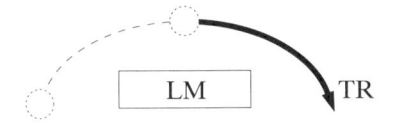

これは，弧の頂点から終点への下向きの経路をプロファイルしている．

(34) 頂点のプロファイル
　　　The plane should be *over* Baltimore by now.
　　　（飛行機は，いまごろはボルティモアの上空を飛んでいるはずだ）

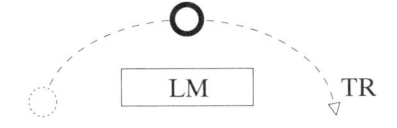

TRが弧の頂点に静止したように思われるとき，弧の頂点だけがプロファイルされることになる．これは，Lakoffの仮定するスキーマ2（= above）とほぼ同義的であるが，aboveと異なり，overにはTRが上向きの経路をとり，さらに下向きの経路をたどって，ついには着陸するという含みがある．

以上四つのサブスキーマは，イメージ・スキーマ変換によって中心的スキーマ1と関係づけられる．4者間の違いは，プロファイルされる部分の違いにすぎず，いずれの場合も，話し手の脳裏には，overに通底する半円形の経路のイメージが描かれていることに変わりはない．

14.3.3. 結果状態

経路の完結を表す表現では，普通，終点 (endpoint) がプロファイルされる．特に，状態動詞と共起した over は，結果状態 (resulting state) を示す．

(35) Sam is *over* the bridge now. （サムは，もう橋を渡っている）

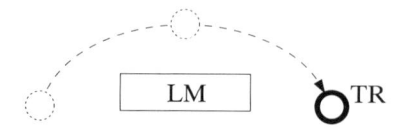

14.3.4. 伸びていく線的な TR

TR が線的に伸びていくロープなどの場合，その先端部に焦点が置かれ，その部分がたどる全体の形が経路として認知される．つまり，ロープ全体が LM の向こう側に移動するのではなく，その一部は始点にとどまっている．

(36) She threw the rope *over* the limb.
（彼女は，ロープを大枝に掛けた）

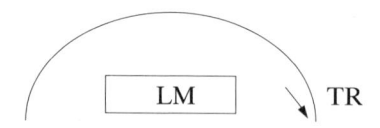

次の三つの例では，分節のプロファイル変換が適用される．

(37) a. He leaned *over* the rail.
（彼は，手すりに寄りかかった）［上向き部分のプロファイル］
b. We stretched the rope *over* the yard.
（ロープを庭の上に張り渡した）［頂点部分のプロファイル］
c. We dropped the rope down *over* the edge.
（ロープを縁から落とした）［下向き部分のプロファイル］

状態動詞の場合，結果状態に焦点を置くスキーマが得られる．

(38) The rope is hanging *over* the limb.
（ロープは，大枝から垂らされている）

14.3.5. 二次元から三次元への変換

これまで見てきた over の変異体は，すべて二次元的な側面図であったが，LM そして／あるいは TR が平面的である場合，三次元的なイメージで捉えることもできる．たとえば，

(39) A line of soldiers marched *over* the ridge.
（兵士の横隊が，尾根を越えて行進した）

の場合，TR の横に伸びた形を説明するためには，視点を加えて三次元的に捉える必要がある，と Dewell は言う．

また，次例のような場合，TR は同時に多方向に広がっている．しかし，少なくとも，一つの方向では LM を半円形で取り囲んでいる点で，中心的スキーマとリンクしている．

(40) He draped the sheet *over* the clothesline.
（彼は，シーツを物干し網に掛けた）

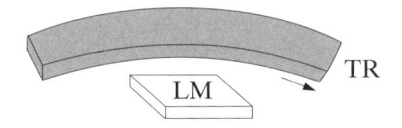

(40) のイメージ・スキーマの特殊な場合として，もともと容器（＝LM）の中にあった流動体が，容器の縁からあふれる場合がある．この場合も，伸びていく縁の形状は完全に中心的スキーマを満たしている．

(41) The river flowed *over* the levees.
（河が堤防を越えて流れた）

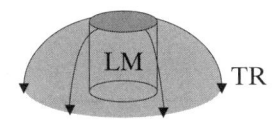

14.3.6. 再帰的な TR

(42) のように，ある物体の目立った部分が TR として，残りの部分（LM）に対して弧を描くような場合，Lakoff と同様に，Dewell も再帰的な TR

を認めている．

(42) Roll the log *over*. (= (15a))

次の (43) の再帰的 TR の場合，弧の下向き部分がプロファイルされ，(44) では，上向き部分がプロファイルされている．

(43) The fence fell *over*. (= (16))
(44) She rolled *over* on her side.
    (彼女は，寝返りをうって横になった)

14.3.7. 平面的な覆い： 中心的なスキーマからの逸脱

平面的な TR が，LM の表面に広がって LM が見えなくなるような場合，三次元的な "覆い" (covering) のイメージが生じる．

(45) They laid a board *over* the hole.
    (彼らは，穴に板をかぶせた)

このような例では，中心的なスキーマは，関連するイメージ群の周辺的なメンバーになってしまっているし，次のような例では，中心的スキーマはそういうイメージ群から押し出されてしまい，別義になったと考えられる，と Dewell は言う．

(46) a. She put the coat on *over* her dress.
        (彼女は，ドレスの上にコートをはおった)
    b. They hung a curtain *over* the picture.
        (彼らは，絵の上にカーテンを垂らした)

次のような例では，車輪の回転につれて平面的な経路が伸びていき，その経路が LM を "覆う" と Dewell は考えている．

(47) He rode his bike *over* the border.
    (彼は，バイクを駆って国境を越えた)

Dewell は，TR の形状を考慮に入れるので，(48) のような例では "取り

囲む覆い"(surrounding covering)を区別し，(49)のような例では"多重の覆う TR"を区別することになる．

(48) He slid the ring *over* her finger.
（彼は，女の指にするりと指輪をはめた）
(49) She has freckles all *over* her face.
（彼女は，顔じゅうにソバカスがある）

14.4. Dewell (1994) の分析の問題点

Dewell (1994) が，イメージ・スキーマ変換をもっと多用し，X, VX, NC などの特徴分析の名残を払拭することで，Brugman/Lakoff の分析を改良できると主張するのは正しいと思われる．また，over の中心的なスキーマとして，"弧を描く経路"(arced path) を仮定するほうがいっそう直観的に正しいように思われるとするのも，賛成である．さらに，彼の"分節のプロファイル"という考え方も，高く評価できる．

Dewell の問題点は，over の意味を分析するにあたって，Lakoff の特徴分析を退けたはずなのに，なおも「縁が伸びていく TR」，「線状に伸びていく TR」，「円形の縁をもつ TR」，「平面的な TR」，「多重の覆う TR」のように，TR の形状にこだわっている点と，さらに由々しい問題点は，論文の後半で，"弧を描く経路"という，over の中心的なスキーマを維持できなくなったことを告白して，論旨の首尾一貫性を損なってしまった点である．

以下，具体例に即して，若干の論評をしてみよう．

① Dewell (1994: 357) は，次の二つの文を比較して，両者は混同されてはならない，としている．

(50) Sam is *over* the bridge now.
（サムは，いま橋の向こう側にいる）
(51) Sam lives *over* the bridge.
（サムは，橋の向こう側に住んでいる）

すなわち，(50) ではサムが実際に弧をたどって終点に着いたことを表して

いるが，(51) では，話し手／解釈者が経路を心的にたどっているだけで，サムがその経路をたどって終点に着いたという含みはないとし，このような場合を"主観的な経路"(subjective path) と呼んでいる．しかし，(50) においてサムが実際に橋を渡ったという含みは，「いま橋の向こう側にいる」という臨時的な状況に基づいて，「さては，先ほどこの橋を渡ったのかな」と想像するだけのことであり，(51) にその含みがないとすれば，それは「住んでいる」という，やや恒常的な事情によるものにほかならない．サムが実際に橋を渡ったかどうかは，over の意味にとって関与的ではない．話し手は，橋のこちら側にいて，橋の「向こう側に」いるサムを思い浮かべているのである．その意味で，(50), (51) はともに"主観的経路"を表している．

　② Dewell は，(52) のような線状の TR と，(53) のような平面的な TR とを区別し，前者では TR と LM は二次元的に位置づけられ，後者では三次元的にとらえることができる，としている．

(52) She threw the rope *over* the limb.
　　（彼女は，ロープを大枝に投げかけた）
(53) He draped the sheet *over* the clothesline. （= (40)）

しかし，線状か平面的かは TR の形状であって，話し手の視座（側面）から見るならば，ロープは弧を描いて大枝に掛かり，シーツも弧を描いて物干し綱に掛かっているはずである．そういう認知があればこそ，話し手は，どちらの場合も弧のイメージをもつ over を使用するのが最も適切である，と判断したのである．

　③ Dewell は，(54) のような場合，TR の横に広がった形を説明するためには，三次元的な見方が必要であるとして，次のような図を示している．

(54) A line of soldiers marched *over* the ridge. （= (39)）

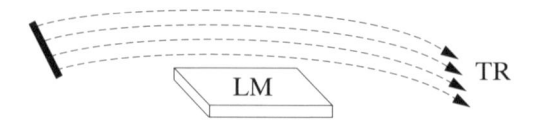

すなわち，Dewell は，over の意味の中に TR の形状を持ちこもうとして

第 14 章　over の意味分析　　　　　　　　　　　　　151

いるのである．しかし，兵士の横隊を一つの集合と考えるならば，(54) は (55) といささかも変わらないはずである．言い替えれば，話し手の脳裏にあるイメージは，ともに"弧を描く経路"である．

 (55) Sam walked *over* the hill.
    （サムは，丘を歩いて越えた）

④　Dewell は，(56) のような例では，車輪が回転しながら経路を「覆っていく」と考えて，そのイメージを次のような図で表し，この場合も，中心的スキーマから逸脱している，としている．

 (56) He rode his bike *over* the border.　(= (47))

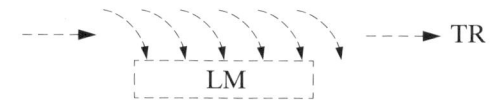

```
- - →  ↷ ↷ ↷ ↷ ↷  - - → TR
        ┌─────────┐
        │   LM    │
        └─────────┘
```

しかし，車輪の一つ一つの回転をイメージするのはむしろ滑稽であって，車，バイク，徒歩の如何を問わず，あたかもひとまたぎにハードルを越えるかのように，「国境を越えた」と言っているのであって，心に描かれているのは，over の弧を描く経路の，特に「下向きの終点」である．日本語の「国境を越える」と言うときのイメージも，まったく同じものであろう．

14.5.　代　案

本節では，Lakoff (1987), Dewell (1994) の分析の代案として，もっと簡潔で，もっと心理的に自然な分析を提示する．そのために，以下の作業仮説を立てる．

 (57) a. 中心的なスキーマとして，"弧を描く経路" (arced path) または"半円形の経路" (semicircular path) を仮定する．

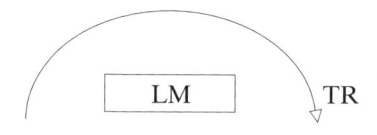

```
      ╭─────────╮
      │         ↓
   ┌─────┐    TR
   │ LM  │
   └─────┘
```

  b.　動詞自体の意味，TR の形状，LM の特徴を over の意味から排除する．
  c.　Dewell とともに，分節のプロファイルを認める．[1]

さらに，意味変化の重要な原因の一つとして，どのみちメタファー的写像 (metaphorical mapping) を認めなければならない．たとえば，blue「青い」が「憂うつな」を意味するような場合，現実世界領域から認識的領域へのメタファー的写像が生じている．

14.5.1.　中心的スキーマ

これが，over の典型的な用法で，以下の例では，TR は LM の上を「半円形の経路」をたどって越えていく．おもに動作動詞と共起する．

(58) a.　The dog jumped *over* the fence.　(= (7))
  b.　Sam climbed *over* the wall.　(= 21f))
  c.　Sam walked *over* the hill.　(= (21e))
  d.　Sam drove *over* the bridge.　(= (21d))

このとき，TR と LM の接触・非接 (contact/noncontact) は，動詞の意味から予測可能であり，over に内在する意味ではない．次の例では，「離婚」や「病気」が乗り越えるべき"障害"または"峠"としてメタファー的に捉えられている．

(59) a.　It took her ages to get *over* her illness.
   （彼女の病気が回復するのに，長年かかった）
  b.　Harry still hasn't gotten *over* his divorce.
   （ハリーは，まだ離婚の痛手を乗り越えていない）

以下のすべての例において，話し手の意識にあるのは，"弧を描く経路"

1.　われわれが事象を認知するとき，全体が一様に見えることは決してなく，必ず，目だつ部分と目だたない部分に分かれるはずである．

という中心的イメージ・スキーマである．（　）内に一般辞書に与えられている意味を挙げておく．

(60)　a.　She put a rug *over* the sleeping child.　（…を覆って）
　　　b.　She wore an overcoat *over* her sweater.　（同上）
　　　c.　We discussed the matter *over* dinner.　（…しながら）
　　　d.　He is famous all *over* the world / all the world *over*.　（…じゅう）
　　　e.　*Over* (to you).　（（そちらへ）どうぞ）［無線交信］
　　　f.　I asked them *over* for dinner.　（こちらへ）[2]
　　　g.　Take this *over* to my friend's house.　（あちらへ）[2]
　　　h.　Her persuasion won him *over* to our side.　（移って）
　　　i.　He read the letter *over*.　（初めから終わりまで）
　　　j.　They spoke *over* the phone.　（…を通じて）
　　　k.　They had an argument *over* money.　（…をめぐって）
　　　l.　Many changes happened *over* the six months.　（…の間に）

(60k) の例で，about よりも長期間の紛争が暗示されるのは，over のもつ弧の形状からの帰結である．また，(60l) では，場所から時間へのメタファー的写像が起こっている．

Lakoff は，次の (61) のような over の用法を"反復"(repetition) のスキーマと考えて，非常に苦しい説明をしている．しかし，この over は OED[2] (s.v. *Over* 13a) にあるように，元来は *over* again，または twice/thrice *over* のように倍数詞とともに用いられたのであった．いわば，「（ご破算にして）もう一度弧を描け」といったような意味を表していたのである．したがって，反復の意味は，元来は again/twice などが担っていた

2.　この over について，OED[2] (s.v. *Over* 5a) は，「古い用法では，海・通り・共有地の表面を横切ることを言ったが，のちには二つの場所間の空間・距離を横断することを言うことが多くなった」と注記している．

のであり，over 自体のイメージは，依然として"弧を描く経路"と考えられる．

(61) a. Pray doe it *over again*!　(OED²)
　　　　（どうか繰り返してください）
　　 b. Do it *over*.　（それをやり直せ）

14.5.2.　分節のプロファイル

Dewell (1994) とともに，ここでも弧の一部分のみがプロファイルされる場合を仮定する．

弧の中心部分のプロファイル

次の例は，Dewell が特に弧の中心部分 (central region) がプロファイルされている例としているものであるが，どのみち経路は弧を描くのであるから，中心的なイメージ・スキーマそのものと見るほうが妥当かと思われる．

(62) a. The plane flew *over* the hill.　(= (3))
　　 b. The bird flew *over* the yard.　(= (4))

弧の頂点のプロファイル

弧の頂点がプロファイルされたイメージを利用した例は，以下に見るように，非常に多い．

(63)　「…の上に」
　　 a. The picture is *over* the fireplace.　(= (9))
　　 b. The power line stretches *over* the yard.　(= (10))
　　 c. The upper story projects *over* the street.
　　　　（二階は，通りの上に突き出ている）

この over は，ほぼ above と同義とされるが，above と違って，over には弧のイメージの自然な帰結として，「覆いかぶさる」の意味がこもる．

(64)　「支配」
　　 a. He ruled *over* a great empire.

第 14 章　over の意味分析　　　155

　　　　　（彼は，偉大な帝国を支配した）
　　　b. He has little control *over* his emotions.
　　　　　（彼は，感情をほとんどコントロールできない）
　　　c. She has only the director *over* her.
　　　　　（彼女の上司は，所長だけだ）

over が「支配」を意味することについては，その前にくる rule, control, director という語彙項目に内在する「支配」の意味の寄与を見逃してはならない．権力のあるものが「上に」かぶさっていれば，「支配」の意味はおのずと出てくるのである．

　(65)　「... より多く」
　　　a. Most of the carpets are *over* $1000.
　　　　　（このカーペットの大半は，1000 ドル以上だ）
　　　b. She's well *over* fifty.
　　　　　（彼女は，優に 50 歳を超えている）

この意味は，ある "基準" があって，それよりも「上に」ある，ということである．

　(66)　「超過」
　　　a. The children got rather *over*-excited.
　　　　　（子どもたちは，だいぶ興奮しすぎた）
　　　b. You're *over*confident.　（君は，自信過剰だよ）
　　　c. The river *over*flowed/flowed *over* the levees.　(= (41))
　　　d. The bathtub *over*flowed.　（バスタブの水があふれた）

「超過」(excess) の意味は，主として複合語の接頭辞としての over に見られる．(66a, b) は，興奮や自信が常識で考えられる "基準" を「上回って」いる，つまり，「超過」しているのである．
　また，(66c, d) のように，TR が流体である場合は，当然，基準 (＝堤防) を越えてあふれることになる．言い替えれば，「あふれる」(overflowing)

という意味は，over ではなく，流体の寄与する意味である．[3]

上向き部分のプロファイル

始点から頂点への上向き部分のプロファイルは，比較的まれである．

(67) a. The plane climbed high *over* the city. (= (32a))
　　 b. The sun came up *over* the mountain. (= (32b))
　　 c. She rolled *over* on her side. (= (44))

下向き部分のプロファイル

次の例では，弧の下向き部分がプロファイルされている．

(68) a. Sam fell *over* the cliff. (= (33a))
　　 b. The baby fell *over* and began to cry.
　　　　（子どもはころんで，泣きだした）
　　 c. The wind must have blown it *over*.
　　　　（風がそれを吹き倒したのにちがいない）
　　 d. The invalid is *over* the hill. （病人は峠を越えた）

(68d) で，「危機を脱して」のメタファーが日英語ともに同じなのは興味深い．メタファーは，人間の認知を反映するものとして，かなりの普遍性があるようである．

終点部分のプロファイル

次の例では，おもに状態動詞とともに用いられて，弧の終点 (endpoint) 部分をプロファイルしている．

(69) a. Sam lives *over* the hill.
　　 b. Sausalito is *over* the bridge.
　　　　（ソーサリートは橋の向こう側にある）

---

3. 次の例は，LM が主語の位置にきている点が珍しい．「喜び」(TR) がまるで流体のように「胸」(LM) の容量を超えてあふれていたと言うのである．
　　His heart was *over*flowing with joy. （彼の胸は喜びにみちあふれていた）

c. The game is *over*. (=ended)（ゲームは，終わった）

(69a) では，on と違って，「丘の上に住む」という意味にはならないし，(69b) では，S 市が「橋の上にある」はずもないので，必然的に「... の向こう側に」という弧の終点をプロファイルした解釈が出てくる．その読みには，live（住んでいる），is（ある）という状態動詞の意味も寄与している．

on ではなく，over である以上，(69a, b) の文は，「サムは丘の上に住む」という意味にも，「S 市は橋の上にある」という意味にもならない．over を使用したとき，話し手は，心の中で丘や橋を越えているのである．すなわち，Langacker (1987) の言う "心的走査"（mental scanning）を行なっているのである．その結果，(69) の文は，それぞれ，「丘を越えたところに住んでいる」，「S 市は橋を渡ったところにある」という解釈が与えられることになる．

14.5.3. イメージ・スキーマの回転

これまでは，TR が上に，LM が下にある例のみを記述してきたが，イメージ・スキーマ全体が回転 (rotate) することがある．

(70) a. There was a veil *over* her face. (＝(14a))［90 度の回転］
b. There were flies all *over* the ceiling. (＝(14b))［180 度の回転］

しかし，TR と LM の位置的関係は相対的なものであるから，上例の場合も，弧の中心的なイメージ・スキーマはいささかも変わっていない．それはちょうど，on の「接触」(contact) というイメージ・スキーマは，以下の例が示すように，イメージ・スキーマがどのように回転していようと，変わらないのと同じである．

(71) a. There is a cat *on* the desk. （デスクの上に猫がいる）
b. There is a picture *on* the wall.
（壁に絵が掛かっている）［90 度の回転］
c. There are flies *on* the ceiling.

(天井にハエがとまっている)［180度回転］

したがって，イメージ・スキーマの回転ということは，ことさら言わなくてもいいのかもしれない．

14.5.4. TR 自体の回転

ときに，TR 自体が回転することもある．

(72)　a.　The little boy fell *over* and started to cry.
　　　　（坊やはころんで，泣きだした）［90度回転］
　　　b.　She rolled the baby *over* onto its stomach.
　　　　（彼女は，赤んぼうを寝返りさせて，腹ばいにした）［180度回転］
　　　c.　The children rolled *over* and *over* down the gentle slope.
　　　　（＝(27)）［360度回転の繰り返し］
　　　d.　He turned the question *over* in his mind.
　　　　（彼は，その問題を思いめぐらした）［同上］

(72a) の90度の回転では，弧の下向き方向のプロファイルと見ることもできるし，(72b) の180度の回転では，弧の描く半円形の経路全体がイメージされていると考えることもできる．その場合は，TR が弧を描いて移動するのであるから，話し手の心にあるのは，依然として中心的なイメージ・スキーマ "弧を描く経路" であると説明することが可能である．

(72c-d) の例では，2回以上の360度回転が示唆されている．[4]

14.6.　overlook と oversee

最後に，Lakoff (1987) が扱った overlook と oversee の分析をとりあげる．Lakoff は，両者の違いを，イメージ・スキーマの上に，メタファー的

---

4. この場合も，TR はどのみち移動することが多いのだから，ことさら回転だけを問題にしなくてもいいかもしれない．

写像が加わっているという事実によって，説明しようとしている．

(73) You've *over*looked his accomplishments. ［見逃した］

(74) We need to find someone who can *over*see this operation. ［監督する］

overlook の over の場合，The power line stretches *over* the yard. のようなスキーマ 2.1DTR に対して二つのメタファーが関与している，と Lakoff は言う．一つは，「見ることは触れること」というメタファーである．すなわち，視線は，目から対象に及んでいく．つまり，視線が「触れる」ものが「見える」のである．このメタファー的写像によれば，スキーマ 2.1DTR の経路は視線である．ところが，この視線は LM に接触しないので，overlook の主語は，結局 LM を「見ない」ことになる．

　もう一つのメタファーは，「体としての心」という一般的なメタファーで，これは「何かを見ることは，それを考慮すること」ということを含意する．したがって，何かを「見ない」ことはそれを「考慮しない」ことになる，と言うのである．いかにも仰々しい道具立てによる説明で，心理的実在性はきわめて疑わしい．

　われわれの立場では，両者の違いは，イメージ・スキーマとメタファー的写像によってもっと単純明快に説明される．overlook は，歴史的には look over から早くに複合語化されたもので[5]（OED^2 の初例は 1559-60），したがって，overlook his accomplishments は，look over his accomplishments と同様に，「彼の業績を見逃す」という意味になる．つまり，look over the wall/one's shoulder「塀の向こう側を見る／肩越しに見る」と同じ構文として，下向きの経路がプロファイルされていて，視線は対象を通り越していると考えられる．この場合，対象（LM）が物理的なものではないので，メタファー的写像が適用されて，「見逃す」という意味に解釈される．

---

5. overlook, income のように，不変化詞を動詞の前に回して複合語を作る造語法は 17 世紀までのもので，現在は廃用（Bradley 1968）．

次に，oversee の over は，「上に」という意味を表すスキーマ 2 に対して，メタファーとメトニミーが関係している，と Lakoff は言う．メタファーは「支配力は上」というもので，「監督する」人は監督される人に対して支配力をもっている．メトニミーは，「何かがなされるのを見ることは，確実にそれがなされるようにすること」というもので，したがって，oversee は支配力のある立場にいて，あることが確実になされるようにする，という意味を表すことになる，と Lakoff は説明する．

われわれの立場では，oversee という複合動詞（OED^2 の初例は 888 年ごろ）の over は，Lakoff の言うようにスキーマ 2 の「...の上に」という意味を表すものではなく，中心的スキーマをイメージとするもので，「〈作業〉の初めから終わりまでずっと」という意味をもっている，と解される．対象 (**LM**) が（物ではなく）作業で，「その上に終始視線 (**TR**) が注がれている」のであれば，「監督する」というメタファー的意味を表すようになるのは当然であろう．

第 15 章

否定辞 not の位置について

15.1. 文否定の not の位置

15.1.1. be/have の場合

　一般に，否定辞 not は否定句（NegP）を作るという考え方が多いようである．たとえば，Pollock (1989: 397) は，文の構造を次のように仮定した．

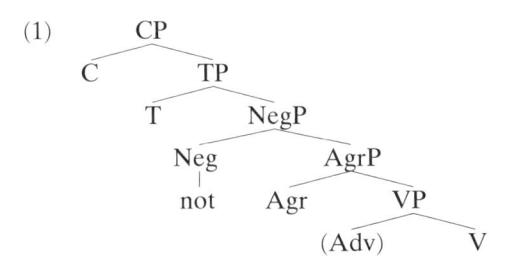

(1)
```
         CP
        /  \
       C    TP
           /  \
          T    NegP
              /    \
            Neg    AgrP
             |    /    \
            not  Agr    VP
                      /    \
                   (Adv)    V
```

　そうすると，He hasn't lost his way.（彼は道に迷わなかった）の基底構造は，次のようになる．

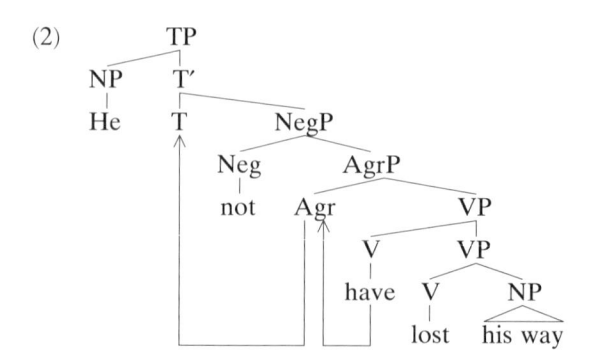

(2)
```
         TP
       /    \
     NP     T'
     He    /  \
          T   NegP
              /    \
            Neg    AgrP
            not   /    \
                Agr     VP
                       /  \
                      V    VP
                     have / \
                         V   NP
                        lost his way
```

[TP = tense phrase, NegP = Negative phrase, AgrP = Agreement phrase]

have は，まず Agr に移動して，have + Agr という合成体を作る．have + Agr は，続いて T へと移動して，T + have + Agr という合成体を作る．

ところで，AgrP を措定することについては，当初から筆者は反対の立場であったし，Chomsky (1995) においても廃棄されたので，以下の記述では，これを無視することにする．

また，Agr が廃棄された以上，T (時制) が数・性・格を付与するとは考えられないので，文のステータスは，TP ではなく，従来どおり IP (= S) である，と仮定する．

Pollock と同様に，Radford (1997: 238) も，次の (3) で見るように，not を NegP の主要部に基底生成している．そして，(3) が非文となるのは，NegP の主要部に not があるために，主要部は直近上位の主要部にのみ移動可能であるとする主要部移動制約 (head movement constraint, HMC) によって，have は not を飛び越えて I に移動することができないからである，としている．

(3)　a.　*We have not any wool.

第 15 章　否定辞 not の位置について

(b. ツリー図)
```
         IP
        /  \
       NP   I′
       |   /  \
       We  I   NegP
              /    \
            Neg     VP
             |     /  \
            not   V    NP
                  |    |
                 have any wool
```

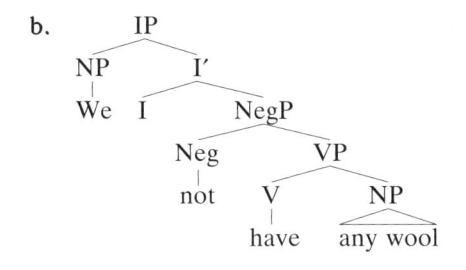

ただし，Neg が n't と縮約された場合は，それは接辞 (affix) となるので，have の右側に付加することが可能になる．その後，haven't は次の主要部 I へと移動する．

(4)
```
         IP
        /  \
       NP   I′
       |   /  \
       He  I   NegP
              /    \
            Neg     VP
           /   \   /  \
          V   Neg V    NP
          |    |  |    |
        have  n't t  any wool
```

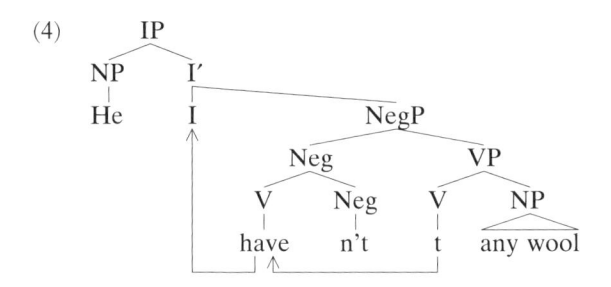

しかし，Neg の位置に not があれば動詞が上昇できないというのは，英語の現実と相いれない．というのは，次のような have not/is not という連鎖は少しも珍しいものではなく，コーパスを検索すれば，〈英・米〉ともにいくらでも出てくるからである．

	Brown	LOB
(5) has not	73	150
is not	503	545

実例を 3 例ずつ挙げておこう．

(6) a. They *have not* been friendly for years.　　　(Brown)
　　　　（彼らは，長年，友好的ではなかった）
　　 b. He quotes from Russian books that *have not* been translated.　　　(LOB)

（彼はまだ翻訳されていないロシア語の本から引用している）

c. one out of five technicians *have not* been formally trained. (Brown)

（5人の技術者のうち，一人は正式の訓練を受けていない）

(7) a. Perhaps this *is not* so extraordinary after all. (Brown)

（もしかすると，これは結局あまり異常なことではないのかもしれない）

b. That *is not* a new discovery. (LOB)

（あれは，新発見ではない）

c. The week at home *was not* comfortable. (Brown)

（家庭にいるその1週間は，居心地のよいものではなかった）

(6), (7) の事実は, not が Neg の主要部の位置にはないことを示唆している. この問題を解決する方法は, 少なくとも二つある. 一つは, Haegeman and Guéron (1999) とともに, (8a) のように, not を NegP の Spec (指定部) の位置に基底生成する方法 (8a), もう一つは, (8b) のように, VP の Spec の位置に基底生成する方法 (8b) である.

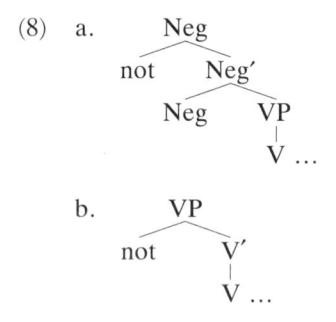

(8) a. Neg
   not Neg′
     Neg VP
        V ...

b. VP
   not V′
      V ...

余計な句 (phrase) を増やさないほうが理論上望ましいことなので, ここでは, 後者の方法をとる.

そうすると, (2) は次のように図示することができる.

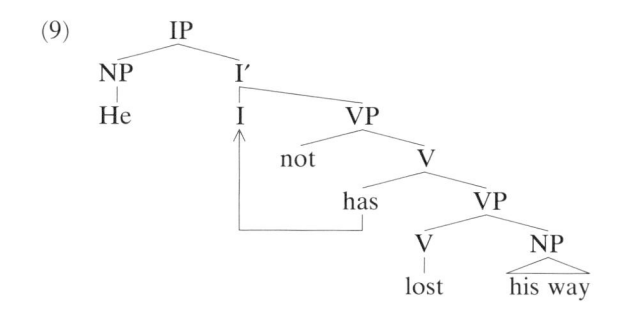

(9)
```
        IP
       /  \
      NP   I'
      |   / \
      He I   VP
         ↑  / \
         | not  V
         |    / \
         has   VP
              / \
             V   NP
             |   /\
            lost his way
```

ところで，be/have はなぜ I の位置へ移動するのか．答えは，少なくとも三つある．

一つは，be/has は主要部なので，すぐ上の主要部 (*ie* I) の位置へ主要部移動をしていく，とするもの．

もう一つは，be/has が，その [3, sg, Pres, Aux] という特徴を照合するために標的 (Target) の I へと移動する，と仮定すること (cf. Chomsky 1995: 257)．

残る一つは，I の [3, sg, Pres, Aux] という特徴のうち，I は助動詞に対しては，強い一致特徴 (strong agreement feature) をもっているため，必ず埋められなければならない，と仮定することである．ここでは，最後の仮説を採る．

否定辞が n't であれば接辞なので，上述の (4) のように，has に添加されて hasn't となる．

15.1.2. 一般動詞の場合： *do*-support

次に，一般動詞の否定を考察する．

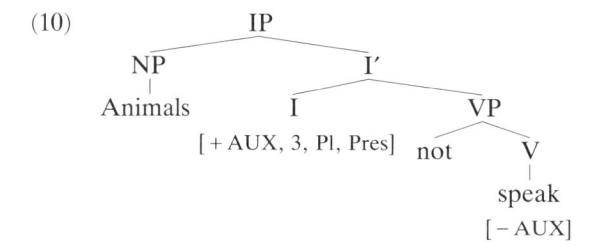

(10)
```
              IP
             /  \
            NP   I'
            |   / \
         Animals I   VP
                    / \
          [+AUX, 3, Pl, Pres] not V
                               |
                             speak
                            [−AUX]
```

一般動詞の speak は，[−Aux] という統語特徴をもっていて，屈折要素 I の [+Aux] という特徴とマッチしないので，I の位置へ移動できない．その結果，次のような非文が生成されてしまう．

 (11) *Animals not speak.

そこで，このような非文を生成しないための**最後の手段** (the last resort) として，最も無色な助動詞 do が I の位置に挿入される（§17.2.2 を参照）．

15.2.　構成素否定の not

Pollock (1989: 375) は，to 不定詞の to は I の位置に基底生成されるという，生成文法で標準的な考え方を採用して，John wants not to go. のような文の補文を次のように分析している．

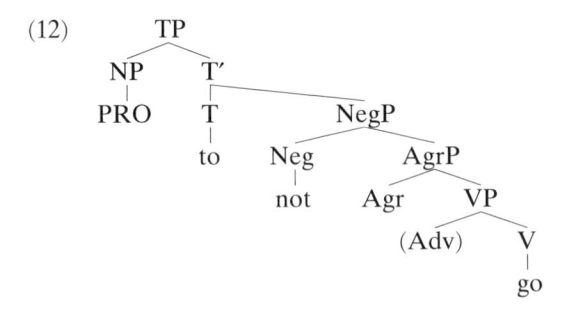

(12)
```
          TP
         /  \
       NP    T′
        |   /  \
       PRO T    NegP
           |   /    \
           to Neg   AgrP
               |   /    \
              not Agr    VP
                       /    \
                    (Adv)    V
                             |
                            go
```

そうすると，*John wants to not go という非文が生成されてしまう．そこで，Pollock は，この to は S 構造において，次ページのように VP 指定部に付加される，と仮定している．VP の上にもう一つの VP を作って，to の着地点 (landing site) を用意している点に注目（付加については，なお 171 ページを参照）．

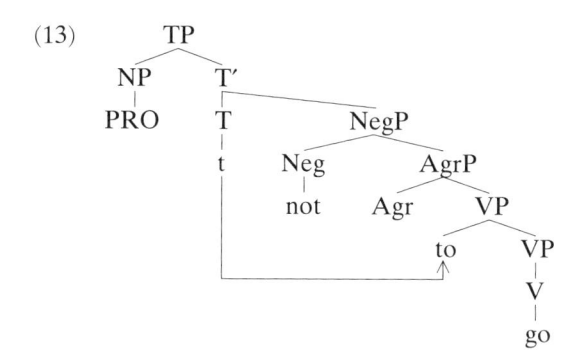

(13)
```
          TP
         /  \
        NP   T'
        |   / \
       PRO T   NegP
           |   / \
           t  Neg  AgrP
              |    / \
             not  Agr  VP
                  |   / \
                  to VP
                      |
                      V
                      |
                      go
```

　しかし，この移動はきわめて ad hoc であり，しかも，(i) 移動した to の痕跡が先行詞によって適正に統率されていない，また，(ii) 統語的な移動で繰り下げ (lowering) は一般に許されない，という原則にも違反するので，認められない．

　ここで，まず注意するべきは，to 不定詞の否定は構成素否定であって，文否定ではない，という点である．構成素否定の not は，否定する構成素の左側にあることに着目して，次のような仮説を提案したい．

　　(14)　構成素否定の not は，その構成素を c 統御 (c-command) する
　　　　　位置に付加される．

(14) によれば，John wants [not to go] は，次のような構造をもつことになる．

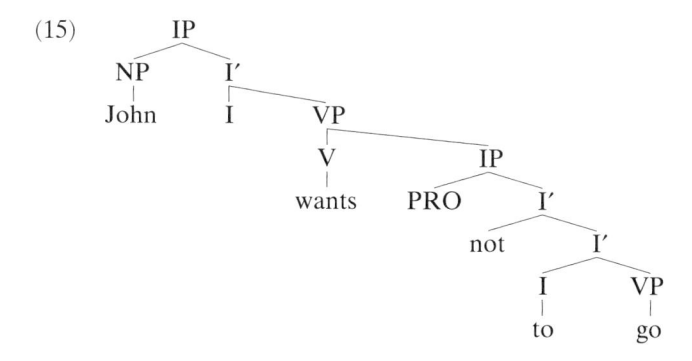

(15)
```
        IP
       /  \
      NP   I'
      |   / \
    John I   VP
             / \
            V   IP
            |  / \
         wants PRO  I'
                   / \
                 not  I'
                      / \
                     I   VP
                     |   |
                     to  go
```

　(15) の not は，その右側にある to go のみを否定する．不定詞節に not が

生じる場合は，*ton't のように I に接辞化されることはないという事実から明らかなように，文否定になることは決してない（文否定になるためには，I にある要素に n't が接辞化 (cliticize) されるか，あるいは，その可能性がなくてはならない）．

I′ への付加は珍しいかもしれないが，この位置への付加は，次のような I の前に生じる副詞類に対しても，どのみち，必要である．

(16) a. You *never* can tell. （わからぬもんですよ）
 b. You *often* must be bored.
  （あなたは，しばしば退屈するにちがいない）
 c. He *usually*/*sometimes*/*seldom* go to church.
  （彼は通例／ときどき教会へ行く／めったに教会へ行かない）
 d. He *quickly* got dressed. （彼はすばやく着替えをした）
 e. I *completely* forgot it. （それをすっかり忘れた）

(17)
```
            IP
          /    \
        NP      I′
        |     /   \
       You  often  I′
                 /   \
                I     VP
                |    /  \
              must  V    A
                    |    |
                    be  bored
```

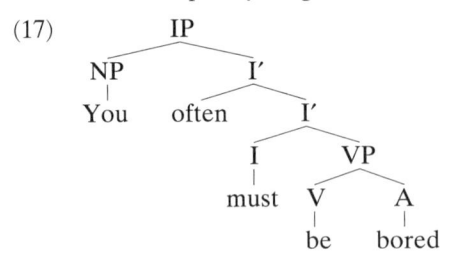

さらに，(14) の仮説は，(18)-(20) のような構成素否定にもあてはまる．

(18) a. You can [NOT go]. （君は行かなくてもよい）
 b.
```
            IP
          /    \
        NP      I′
        |     /   \
       You   I     VP
             |    /  \
            can  not  V
                      |
                      go
```

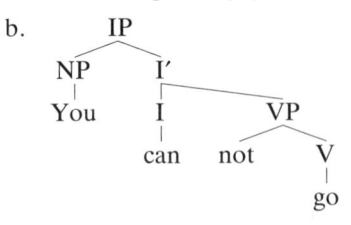

(19) a. Be careful not to break it.

(それを壊さぬように注意しなさい)

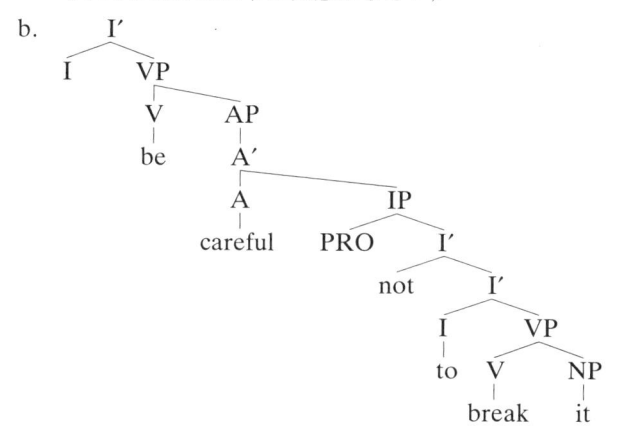

b.
```
        I'
       / \
      I   VP
          / \
         V   AP
         |    |
         be   A'
             / \
            A   IP
            |  / \
         careful PRO I'
                    / \
                  not  I'
                      / \
                     I   VP
                     |  / \
                     to V  NP
                        |   |
                      break it
```

(20) a. What I want is [not advice], but money.
(私がほしいのは助言ではなく，お金だ)

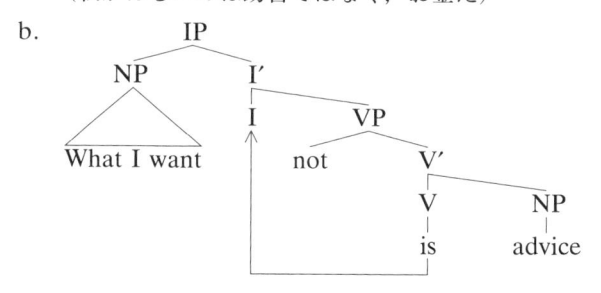

b.
```
              IP
             /  \
           NP    I'
          / \   / \
         △   I  VP
    What I want / \
              not  V'
                  / \
                 V   NP
                 |    |
                 is advice
```

(20) において，I want something という前提は，否定されていない．

15.3. 意味と形式との不一致

まず，文否定では，否定の作用域 (scope) は文全体に及ぶはずであるが，not は通例，n't に縮約されて助動詞に接辞しているため，表層構造上は，構成素否定と少しも変わらないことになる．つまり，意味と形式は一致していないのである．

(21) a. [He *doesn't* speak Russian.]

(彼はロシア語を話さない)［文否定］
b. You *must* [*n't* eat it all].
(それをすべて食べてはいけない＜全部を食べないことが必要だ)［構成素否定］

　一般に，次例のように，neither で接続できる文は，文否定と診断できるとされている．

(22)　"I can't understand a word of it." "*Neither* can I."
　　　(「それは一語も理解できない」「私もだ」)

だとすると，次の前文は文否定ということになるが，It is necessary [for you not to tell lies] とパラフレーズされることからもわかるように，意味論的に must は否定されていない．[1]

(23)　"You *mustn't* tell lies." "*Neither* must you."

つまり，義務の must は意味論的には構成素否定 (*ie* VP negation) であるのに，形式的には文否定になってしまうのである．
　しかし，not に強勢を置くならば，NOT の作用域はその右側の構成素のみを含むことになる (Palmer 1974: 132, Quirk et al. 1972: 385)．

(24)　a.　I can [NOT work today], *can't I*?
　　　　　(きょうは，働かなくてもいいんでしょう)
　　　b.　You may [NOT stay here]. (君は，ここにいなくてもよい)
　　　　　＝I permit you [not to stay here].
　　　c.　"His story must [NOT be true]." "Yes, you're right."
　　　　　(「彼の話は，本当でないにちがいない」「そう，そのとおり」)

(24a, b) が構成素否定であることは，(a) では否定の付加疑問文が付いていること，(b) では等価のパラフレーズにおける not の位置によって，(c) では Yes で受けていることによって，明らかである．

---

1. (23), (24a) の文法性の判断は，Lawrence Horn (私信) による．

第 16 章

英語の例外構造について

16.1. 例外構造とは

英語の except 句は，(1) のように，all, every, no などの全称数量詞 (universal quantifier) の付いた NP (名詞句) と隣接して生じることも，(2) のように，文末に生じることも，(3) のように，文末のコンマのあとに生じることもできる．

(1) Everyone *except Felix* smiled.
(2) Everyone smiled *except Felix*.
(3) Everyone smiled, *except Felix*.

これら三つの文の知的意味はほぼ同じで，いずれも「すべての人々が微笑したが，Felix のみは微笑しなかった」，すなわち，「笑った人々の集合の中に Felix だけが含まれていなかった」という状況を表している．

Reinhart (1991) は，(1) – (3) のような文を「例外構造」(exception-structures) と呼び，except 句は，次ページの (4) のように，基底構造において IP (= S) に付加 (adjunction) された形で生成されると主張する．

(4) の図では，IP の上にもう一つの IP 節点を作って，上側の NP_2 を付加している．比喩的には，NP_2 を住まわせるために二階を増築したと言ってもよい．

(4)
```
              IP
         ┌────┴────┐
         IP       NP₂
       ┌─┴─┐    ┌──┴──┐
      NP₁  VP  CON   NP₂
       │   │    │     │
    Everyone smiled except Felix
```

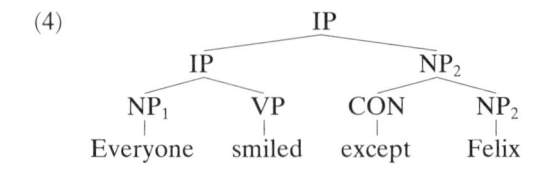

このとき，Reinhart は，(4) の NP₂ (= Felix) を例外構造の「残余」(remnant)，NP₁ はその「相関語」(correlate) と呼んでいる．

Reinhart は，まず，次の (5b) は，(5a) と異なり，Lucie が言語学者であることを含意しないので，(5a) の except 句は，完全文の省略形ではないと主張する．

(5) a. No linguist smiled except Lucie.
　　　　（ルーシーのほか，どの言語学者も微笑しなかった）［ルーシーは言語学者］
　　 b. ≠ No linguist smiled except that Lucie smiled.

一方，(6) の二つの文は，Lucie が男性であることを含意しないので，非適格である．

(6) a. *No man smiled except Lucie.
　　 b. *No man except Lucie smiled.

また，Reinhart は，(2) は (1) の except 句を統語的に外置 (extrapose) することによって派生されたと考えることはできないと主張する．なぜなら，まず (7b) で見るように，外置には上方適用制限 (upward bounded)（＝すぐ上にある S を越え，さらにその上にある S まで移動してはいけない）があるが，(8) で見るように，except 句にはそういう制限はないからである．

(7) a. [Many reviews t_i] appeared already [about this book]$_i$.
　　 b. [[*The editor agreed to publish many reviews t_i] [when we pressed him]] [about his book]$_i$.
(8) [[The editor did not agree to publish anything,] [when we pressed him,]] [except one short review].

次に，except 構文と統語的移動を含む構文とは，摘出領域に関する条件 (condition on extraction domain, CED)（＝要素 A をカテゴリー B から取り出せるのは，B が適性統率されている場合に限られる）に関しても，異なる反応を示す．つまり，主語名詞は適正統率されないので，そこからの抜き出しはできないはずであるのに，(10) の except 句は文末に生じている．このこともまた，except 句は外置規則によって移動されたものではないことを示唆している．[1]

　(9)　*Who$_i$ [[jokes about t$_i$] were told]]
　(10)　Jokes about everyone were told except Felix.

　こういう次第で，例外構造の except 句は，統語的に外置されたものとは考えられない，と Reinhart は主張する．そこで，except 句は，外置要素とは違って，基底構造においてすでにその「相関語」から切り離されていると考え，(4) のような基底構造を仮定するのである．（参照の便宜のために，(4) を (11) として再録する．）

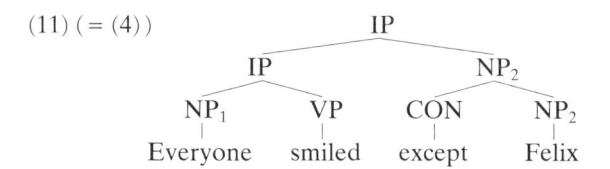

　(11)（＝(4)）

```
              IP
         ┌────┴────┐
        IP         NP₂
      ┌──┴──┐    ┌──┴──┐
     NP₁   VP   CON   NP₂
      │    │    │     │
   Everyone smiled except Felix
```

　しかし，この構造のままでは，except 句は正しい解釈が与えられない．なぜなら，それは「相関語」と結合されて，はじめて解釈可能になるからである．そのため，LF（論理形式）において，相関語（＝everyone）は，数量詞上昇（quantifier raising, QR）により繰り上げられ，except 句に付加されて，次のような構造が得られる，と Reinhart は考える．

---

　1. この考えは当たらない．なぜなら，(9) の who の移動は，確かに，統語的な「文主語制約」(sentential subject constraint) であるが，(11) の Everyone except Felix smiled. の except 句を文末に移動するのは，文体論的な「名詞句からの外置」(extraposition from NP) だからである．Reinhart は，両者を同一に論じている．

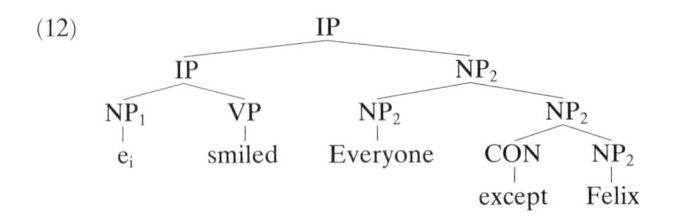

(12)
```
                        IP
                   /         \
                 IP           NP₂
               /    \        /    \
            NP₁     VP     NP₂    NP₂
             |       |      |    /    \
             eᵢ    smiled Everyone CON  NP₂
                                    |    |
                                  except Felix
```

　このLFにおいては，everyone except Felix は，単一のNPとなり（すなわち，一番上のNP₂），このとき形成された every except Felix という複合限定詞（complex determiner）が one を修飾すると解釈される，と Reinhart は主張する．

　さらに，池内（1990）によれば，Chomsky は MIT における講義において，問題の except 句は基底構造ではいかなる意味役割（θ-role）も付与されない点で，(11) の基底構造は，明らかに投射原理（projection principle）に違反していると考え，[2] Belletti and Rizzi (1988) の心理動詞の構造や，Larson (1988) の動詞句殻（VP-shell）の仮説などをも踏まえて，ついに，(筆者に言わせれば) 自然言語の文法の屋台骨とも言うべき投射原理の事実上の破棄を決意したとのことである．

　本章の目的は，Reinhart の例外構造の分析は根本的に誤りであることを論証し，代案として，より自然な分析を示すことにある．

16.2. Reinhart (1991) 批判

　第1に，every except Felix が複合限定詞であり，それが one を修飾するという考えは，いかにも不自然で説得力がない．

　第2に，Reinhart は，例外構造の「残余」はNPであり，この場合の接続語（＝except）は義務的な格付与子（Case-assigner）であるから，対格NPとしか共起しないと想定している．しかし，Fuji (1992) も指摘してい

　2．Chomsky は，むしろ，投射原理に違反しているので，このような基底構造は許されないと言うべきであった．

るとおり,「残余」の統語範疇は NP に制限されるわけではない. 次に示すように, PP, IP, AdvP, VP, CP などの主要範疇も生起するのである. ((13)-(15) は BNC, (16), (17) は Word Bank から.)

(13) *Except* [PP at its surface,] the sea is dark and shadowy.
（表面のほかは，海は暗くぼんやりしている）

(14) There was really no cure for this *except* [IP to bring the aircraft home].
（飛行機を帰還させるよりほかに，実のところ，これの解決策はなかった）

(15) I've no excuse, *except* [CP that I've got a terrible hangover this morning].
（けさは二日酔いがひどいという以外に，言い訳はない）

(16) there is nothing to do right now, *except* [VP enjoy the rest of the night].
（夜の残りを楽しむ以外，ちょうどいま，するべきことがない）

(17) You've nowhere to go, *except* [AdvP abroad with all these foreigners!]
（君は，こういうすべての外国人といっしょに外国へ行く以外，どこへも行くところがないのだ）

さらに，例外構造には，(13) や次の (18), (19) のように,「残余」と結びつくべき「相関語」がない例，特に全称数量詞の生じない例も見いだされるのである（引用は Word Bank から）.

(18) In London you would pass unnoticed[3] *except*, of course, *for your beauty*.
（ロンドンでは，あなたは人目につかないでしょう，もちろん，あなたの美しさを除けばだけど）

---

3. ただし，この *un*noticed に no が含まれるという解釈も可能かもしれない.

(19) Naked, *except for the band round his belly*.
　　　（腹にまいたバンドのほかは，裸だ）

したがって，数量詞上昇（QR）によって複合限定詞を作り，それによって except 構文の正しい解釈を求めることは不可能である．

　第3に，かりに Reinhart の基底構造と QR という操作とを認めるとしても，次の (20) のように，except 句が「相関語」の右側に隣接した例をうまく説明することは困難であると思われる．なぜなら，基底において IP に付加された except 句を，再び下の IP に繰り下げる根拠がないからである．

(20) Everyone *except* Adam went to the concert.
　　　（アダムのほかは，みんなコンサートへ行った）

　第4に，次例および (18) のように，文副詞が except 句の中に生じている場合は，Reinhart が想定するように，everyone, except perhaps Martin が全体で NP を形成しているとは考えられない．しかも，ここでは，except 句の前にコンマが置かれて，「相関語」と「残余」とが構成素をなしていないことを示唆している．

(21) Everyone went, [except *perhaps* Martin].　　　(OALD[5])
　　　（もしかしてマーティンを除いて，みんな出かけた）

　さらに，次例のように，「相関語」と「残余」の間に語彙項目が挿入されている例も，両者が一つの構成素をなしているという主張に重大な疑問を投げかけるものである．

(22) She had [no one *now* except Marcella].
　　　　　　　　　　　　　(Danielle Steel, *Remembrances*)
　　　（彼女は，もうマルセラのほかにだれもいなかった）

　第5に，except 句は，全体で名詞句（NP）であるとされているが，たとえば，except him の場合明らかであるように，except 句の主要部が前置詞であることは，疑いをさしはさむ余地がない．ゆえに，except 句は名詞句ではなく，前置詞句（PP）でなければならない．

16.3. 代　案

さて，筆者は，次の (23) の except 構造の基底構造は，(24) のようなものと考える．この構造では，except 句は主語名詞句の中の付加部 (adjunct) として基底生成されている．

(23)　Everyone except John went.

(24)
```
            IP
           /  \
         NP    I'
         |    /  \
         N'  I'   VP
        / \       |
       N'  PP     V
       |   / \    |
       N  except John  went
       |
    Everyone
```

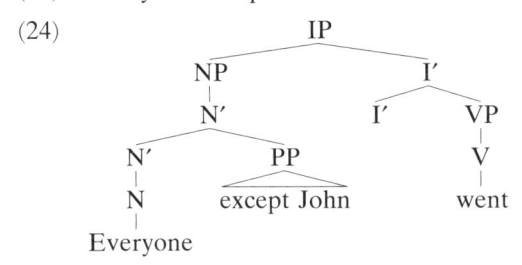

そして，次のように，except 句が文末に生起する例では，except 句は名詞句から前置詞句 except John が外置されたものと考える（「名詞句からの外置」の例）．

(25)　Everyone went except John.

(26)
```
            IP
           /  \
         IP    PP
        /  \   / \
       N'   I' except John
       |   / \
    Everyone I  VP
             |  |
               went
```

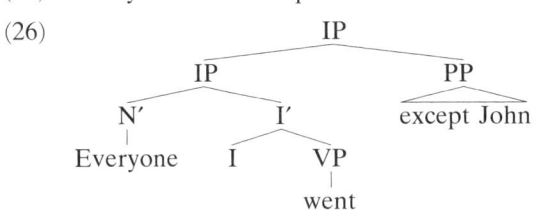

これは，標準的な移動規則である．しかし，NP からの外置を認めるとすれば，上の (8)（(27) として再録）のような，上方適用制限を受けていない派生を説明する義務を自らに課すことになる．

(27) (= (8))　The editor did not agree to publish anything, when we pressed him, except one short review.

筆者は，このように上方適用制限を受けていない except 句は，名詞句中

から外置されたものではなくて，文が完結したあとで，あと思案 (afterthought) として付け加えられたものと考える．[4] その証拠に，except 句の前には，(28) のようにしばしばコンマが付いたり，(29) のように，ダッシュが付くことがあるからである．

 (28) I have nothing to give you, *except my heart*.
(Danielle Steel, *Remembrances*)
   （あたしにはあなたに上げるものが何ひとつないわ，あたしの心のほかには）

 (29) He pointed a shaking finger at Yoshi's impassive face, everyone was appalled—*except the girl*. (James Clavell, *Gai-jin*)
   （彼はヨシの無感動な顔に震える指を突きつけた．だれもが肝をつぶした——その娘を除いて）

そして，決定的には，次のように，except 句が別な文に生起する事例の存在がある．

 (30) Everyone was aghast at the outburst. *Except the girl*.
(James Clavell, *Gai-jin*)
   （その怒りの爆発にだれもが仰天した．その娘は別だった）

 (31) but everyone was concentrating on Angelique. *Except Norbert*. (Ibid.)
   （しかし，みんなはアンジェリークに注意を集中していた．ノーバートは別だった）

Reinhart は，except 句は，(12) のように，論理形式 (LF) で「相関語」と

---

 4. 上方適用制限に違反する例は，日本語にも見いだされる．Kuno (1981) は，(ib) のような例を挙げて，これは (ia) から副詞語句が外置されたのではなく，あと思案の例として分析すべきであると主張している．
 (i) a. 君は［この間，あのレストランで何を食べたか］覚えている？
   b. 君は［［何を食べたか］覚えている？］［この間，あのレストランで］

結びつけないかぎり正しい解釈はできないと主張するが，しかし，everyone を文境界を越えて繰り上げて，別な文の except 句と結びつける移動操作は理論上認められない．

　私見では，特に (30), (31) のような，except 句が別な文に生じているような例は，統語論での説明は不可能であり，意味論のレベルで解釈されるべきものであると考える．英語の話し手は，このままの構造で except 句の解釈を行なうはずである．たとえば，(30) のような文に接した場合，英語母語話者は，脳裏で次のようなパラフレーズを行なうのではないかと想像する．

(32)　Everyone was aghast at the outburst, with the exception of the girl.

つまり，(30) の知的意味は，「その怒りの爆発にみんなが仰天したが，その娘だけは例外だった」のごときもので，何の例外かと言えば，当然，主文の命題内容 (propositional content) の例外と解釈しなければならない．このように，主文の命題内容の例外という事実を押さえておくならば，(33a) において，Lucie が言語学者であることは自動的に推論できる．なぜなら，例外が主文の命題内容への例外だとすれば，当然，Lucie は命題内容にある言語学者の集合の中に含まれるはずだからである．同様に，(33b) が容認不可能なのは，Lucie が主文の命題内容にある男性の集合に含まれていないからである，と説明される．

(33)　a.　No linguist smiled except Lucie.
　　　b.　*No man smiled except Lucie.

あるいは，聞き手は，「相関語」で示されている集合から，excep 句に含まれる要素を引き算することで意味解釈を行なう，と言ってもよい．たとえば，

(34)　Everyone went to the party, except John.

という例があれば，「みんなパーティーへ行ったが，ジョンは例外だった」ということだから，「パーティーへ行った人々の集合」から，「ジョン」とい

う一つの要素を引き算すれば，except 句はこのままの位置でも正しい解釈が得られるのである．筆者が言いたいことは，人間の脳はまさにこのように働いている，ということである．

　最後に，Chomsky が MIT の講義において指摘した，基底構造では問題の except 句にはいかなる θ 役割も付与されないという点に答えなければならない．

　上の (24) 基底構造からわかるように，except 句は付加部（adjunct）であり，項（argument）ではないので，θ 役割の問題はまったく生じないのである．

第 17 章

英語史四章

　英語史の研究には,少なくとも,二つのアプローチが考えられる.一つは,英語史における新事実の発見とその解釈であり,もう一つは,従来,研究者の意見が一致していないような事実に対して,より整合的で,より有意義な一般化を行なうことである.本章は,主として後者の視座からの研究である.

17.1. ought to はなぜ to が付くのか

　第1にとりあげるのは,法助動詞は一般に,(1)で見るように to が付かないのに,(2)で見るように,なぜ,ought (および, used) には to が付くのか,という問題である.

(1)　He *can/may/must/will* come tomorrow.
(2)　You *ought to* apologize.

OED² によれば,現代英語の ought は,OE の本動詞 āgan (= have, possess) の3人称単数過去 āhte (= had, possessed) から来ており,次いで,ME の oghte (to) は,1175年ごろ助動詞化している.

　ちなみに,ほかの本動詞が助動詞化した年代を OED² で調べてみると,can は 1154 年ごろ,may は 9 世紀,must は 8 世紀初め,shall は 900 年ごろ,will は 971 年ごろで,いずれも ought よりも早くに助動詞化している.

つまり，ought の助動詞化は，明らかに，ほかの法助動詞よりも遅れているのである．しかも，当初から，to が随意的に付いていた．現代英語では，to が付くのが原則である．

　まず，問題になるのは，ought はどの位置に生成されるのか，ということである．Quirk et al. (1985)，Huddleston and Pullum (2002) は，ought が，may, can と同様な法助動詞であるとする伝統的な立場をとっているが，それならば，We ought to help him. という文の場合，次のように，I の節点に ought と to という二つの主要部が含まれることになる．

(3)
```
            IP
         /     \
       NP       I′
       |      /    \
       We    I      VP
          ought to  / \
                   V   NP
                   |   |
                  help him
```

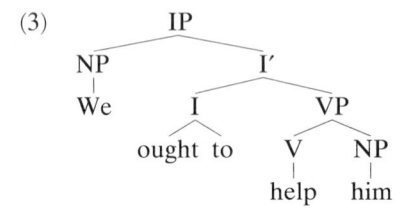

　さらに，ought のあとに否定辞 not を挿入した場合は，I が三つの主要部をもつことになる．一つの節点には一つの主要部しか許されない以上，これは，理論上好ましい結果ではない．

(4)
```
              IP
           /      \
         NP        I′
         |       /    \
         We     I      VP
           ought not to / \
                       V   NP
                       |   |
                      help him
```

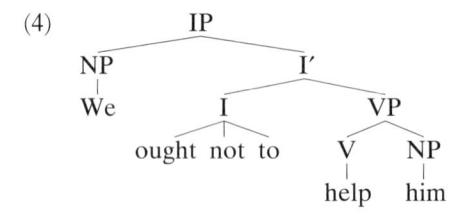

　そこで，not は NegP の指定部にあり，to は補文の I の位置にあると仮定してみよう．そうすると，He ought not to go. は，次ページの (5) のような構造をもつことになる．

　この構造は，確かに正しい表層構造を生むけれども，主文に VP がない，という致命的な欠陥を内蔵している．

第 17 章　英語史四章　　　　　　　　　　　183

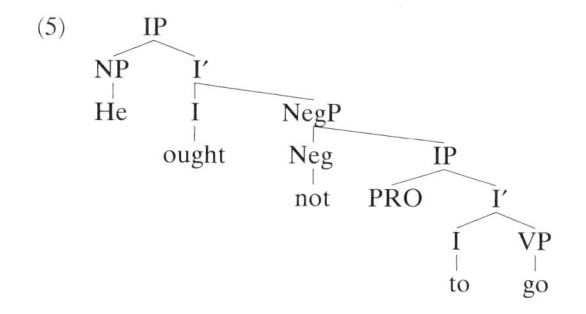

(5)
```
            IP
          /    \
        NP      I'
        |     /    \
        He   I      NegP
             |    /      \
          ought Neg       IP
                |      /     \
                not  PRO      I'
                            /    \
                           I      VP
                           |      |
                           to     go
```

　そこで, ought (および used) は, to を伴うことからもうかがえるように，基底では助動詞ではなく，本動詞であると考えてみよう.[1] そうすると，He ought/used not to go. という文の場合，ought/used は，try などのコントロール動詞と同様に，次のような基底構造をもつことになる．

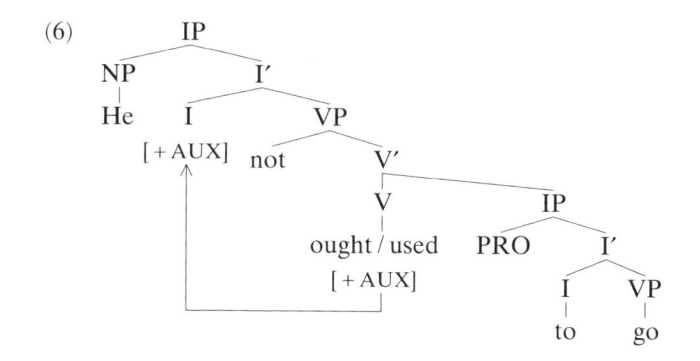

(6)
```
            IP
          /    \
        NP      I'
        |     /    \
        He   I      VP
           [+AUX]  / | \
             ↑   not  V'
             |      /    \
             |     V      IP
             |  ought/used /  \
             |   [+AUX]  PRO   I'
             |_____       / \
                              I   VP
                              |   |
                              to  go
```

　ここで，ought/used は，他の本動詞とは違って，[+AUX] という特徴をもっていると仮定する．すると，前述したように，I は AUX に対しては強い一致特徴をもっているため，ought/used [+AUX] によって満たされることを要求する．その結果，He ought/used not to go. という表層形が得られる．

---

　1. can, may, shall, will などの法助動詞への文法化が OE 期の 800 年ごろから始まっているのに対して，ought/used の法助動詞化は，OED[2] によれば，前者が c1175 年，後者が 1303 年で，ようやく ME 期に入ってからである．

これに対して，try などのコントロール動詞は，[−AUX] という統語特徴をもっているので，I の位置へ主要部移動することは許されない．

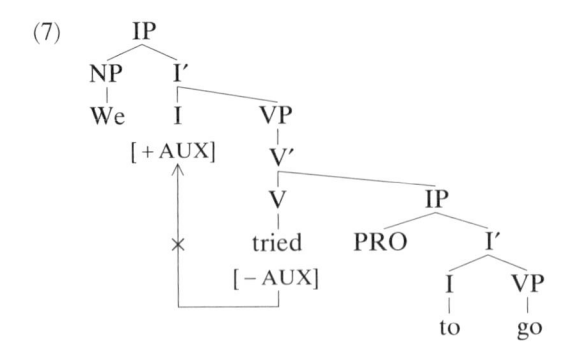

(7)
```
           IP
          /  \
        NP    I'
        |    /  \
        We  I    VP
           [+AUX] |
            ↑     V'
            |    /  \
            |   V    IP
            × tried /  \
              [−AUX] PRO  I'
                        /  \
                       I    VP
                       to   go
```

補文の主語は，主節の We と同一指示的 (coreferential) な PRO であり，to は標準的に補文の I の位置に生成される．

以上の説明によって，ought に to が付く理由，ought が本動詞性と助動詞性を併せもっていることに自然な説明が与えられる．

ところで，ought が否定語と共起するときは，ときに to が落ちることがある．有名な例は，*Julius Caesar* に現れる（引用は Riverside 版から）．

(8) Is this a holiday? What, know you not,
    Being mechanical, you *ought not walk*
    Upon a laboring day without the sign
    Of your profession?

                    (Shakespeare, *Julius Caesar* 1.1.3-6)

（きょうは休日か？ 何だ，職人のくせに知らんのか，労働日には自分の職業のしるしを付けずに歩いてはならんということを？）

この構文は，また，アメリカ英語にも見いだされる．

(9) We *ought not be* afraid of the risks involved.
    （含まれているリスクのことを恐れるべきではない）

(10) *Oughtn't* we *be* going soon?

（もうすぐ行くべきではないのか）　　　　　　　　　（以上 BEU）

このように，ought not のあとで to が省略されはじめた現象は，遅ればせながら，ought が真の法助動詞の仲間入りしようとしている徴候であるとしてよいであろう．

17.2. 迂言的 do の起源

17.2.1. 従来の諸説

迂言的 do の起源については，従来，主要な三つの説が唱えられている．

第1は，迂言的 do は，「使役の do」（causative *do*）から発達したとするものである．その用例は，OE ではまれであるが，ME ではかなりの数の例が見られ，1500年以降は廃用となっている．

(11)　*ME:*　Athelstan *did* hym bynd.
　　　　　　　　　　　　　　　　　　(Robert of Brunne, *Chron. II*)
　　　　'Athelstan made (somebody) bind him'
　　　［不定の目的語の省略：　cf. F *faire lier*, G *bindan lassen*, Jp *shibaraseru*］

(12) の *Do strepe* me のような，「do ＋裸不定詞＋目的語」の語順，つまり，do が裸不定詞と隣接（adjacent）した語順では，特に迂言的に解される可能性が高くなる．

(12)　*ME:*　*Do strepe* me and put me in a sak,
　　　　　　And in the nexte ryver *do* me drenche.
　　　　　　　　　　　　　　　　　　(Chaucer, *Merchant's Tale* 2200–1)
　　　　'Cause (someone) to strip me and put me in a sack,
　　　　And cause (someone) to drown me in the next river.'

第2は，「代理の do」（vicarious *do*）から来たとするもので，この用法は，現代英語まで受け継がれている．

(13) OE: Crīst wēox swā-swā ōþre cild *dōþ* (Sweet 1898)
'Christ grew as other children do'

(14) ME: I haue him knawen & sal *do* euer. (*Cursor Mundi* 416)
'I have known him and shall do ever.'

この説の欠陥は，do のあとに裸不定詞が生じない，という点である．

第 3 に，「先行の do」(anticipative *do*) が起源であるとする説がある．これは，do は不定詞を目的語とする本動詞から発達した，というものである (Sweet 1898: 88, Visser 1978: 1490)．

(15) OE: se mōna *dēþ* ægþer, ġe *wiext* ġe *wanaþ* (Sweet 1898)
'the moon does both: waxes and wanes.'

(16) ME: So *ded* Sir Galahad *delyver* all the maydyns oute of the wooful castell. (Malory, *Works*) [Visser]
'So did Sir Galahad deliver all the maidens out of the woeful castle.'

(17) ModE: What meane you to *do*, sir? *committe* manslaughter? (Udall, *Roister Doister*)
（何をするおつもりですか？ 人殺しをするのですか？）

(18) PE: What are you trying to *do* to me — *pull* me some sort of trick on me! (Caldwell, *This Very Earth*)
（おれにどうしようとしてるんだ——何かおれをかつごうてんだろう！）

Sweet の挙げる (15) の例は，wiext (= waxes) と wanaþ (= wanes) が裸不定詞でなく，定形動詞である点に難点がある．

17.2.2. 代　案

さて，迂言的な do の起源が上のどれであったにせよ，あるいは，複数の要因が重なって作用したにせよ，do のすべての用法が 18 世紀に確立したことにあずかって最も力があったのは，他の法助動詞と整合する体系化への

「駆流」(drift) であったと推測する．Sweet (1898: 87) は，次のような，現代英語における do のパラダイムを，(法助動詞を代表させて) shall のそれと対照させて示している．

(19) a. 平叙文　　　I see　　　　I shall see
　　　　強調形　　　I DO see　　 I SHALL see
　　 b. 否定文　　　I don't see　 I shan't see
　　　　強調形　　　I DON't see　I SHAN'T see
　　 c. 疑問文　　　Do I see　　 Shall I see
　　　　強調形　　　DO I see　　 SHALL I see
　　 d. 否定疑問文　Don't I see　Shan't I see
　　　　強調形　　　DON'T I see　SHAN'T I see

上で見るような，助動詞が各種の文を作る際の体系性は，18 世紀の do の助動詞化なしには到底不可能であっただろうと思われる．こうした，きれいな助動詞の体系性を作り上げるために，最も意味の無色な助動詞として，do が選ばれたのである．

> **NB** 日本語の「ラ抜き表現」にも，明らかな方向性をもった「駆流」が読み取れる．たとえば，「ラ」を規則的に落とせるのは，「来ラレル→来レル」，「出ラレル→出レル」のように，〈可能〉の意味に限るのであって，「先生ガ来ラレタ→来レタ」のような尊敬表現や，「馬ニ蹴ラレタ→蹴レタ」のような受け身表現では，決して「ラ」は落ちないのである．この現象も，日本の若者言葉に見られる「駆流」と言ってよいであろう．

17.3. It's me の構文

17.3.1. この構文の歴史

It's me は，現在の形式をとるようになるまでに，次のような経路を英語史においてたどっている．

① *OE:* ic̄ hit eom. 'I it am.' [14c まで: cf. G *Ich bin es*.]

(20) Ġelyfaþ, *ic̄ hit eom*.　　　　　　　　　　　　　(*Mark* 6: 50)

'Believe, it is I.'

② *ME:*　it am I

(21)　"Peter, *it am I*,"
　　　 Quod she;　　　　　　　　(Chaucer, *Shipman's Tale* 214-15)
　　　 '"(by St.) Peter, it is I," said she.'

③ *ModE:*　It is I (15c) >It's me (16c)

(22)　*it is I*, be not a frayed.　　　　(Tyndale, *Matt.* 14: 27)
　　　 'it is I, be not afraid.'

(23)　I knew *'t* was *I*; for many do call me fool.
　　　　　　　　　　　　　　　　(Shakespeare, *Twelfth Night* 2.5.79)
　　　 (わしのことだとわかっていたさ. わしのことを馬鹿呼ばわりするものが多いからな)

(24)　*That's me*, I warrant you.　　　　　　(Ibid. 2.5.81)
　　　 (そりゃわしのことだ, 請け合ってもいい)

PE では, すべての人称にわたって, 目的格が使用されるようになった.

④ *PE:*　it's me/him/her/them

(25)　It's me/him/her/them.　(そりゃ私／彼／彼女／彼らだ)

17.3.2.　従来の説明

It's I が it's me になったことについては, 従来, 様々な意見が出されてきた.

① we, he, she, ye などとの音的類似 (Onions 1929: 34, Jespersen 1949: 264) [ただし, him, her, them などには me との音的類似は存在しないので, この説は説得力に欠ける]

② フランス語 *C'est moi* の模倣 (Mason 1888: 177, Lounsbury 1907: 274, Onions 1929: 34)

③ me は I よりも強意的である (Einenkel 1916: 61, 大塚 1938: 244)

④ It was me (whom) you struck などの構文の whom の格に牽引さ

れた ("relative attraction")（細江 1956: 317, Curme 1931: 42）
⑤ 代名詞は，動詞のあとに置かれると，通例，目的格になる．そこで，he saw me, tell me などの類推で，文章体の it is I は，話し言葉では it is me に変えられる（Sweet 1891: 341）
⑥ 述詞（predicative）は，動詞のあとで目的語と同じ位置を占めるため，目的語の一種と感じられている（Jespersen 1933: 136）
⑦ I, we は動詞前形（pre-verbal form），me, us は動詞後形（post-verbal form）である（Sapir 1921: 167）
⑧ 動詞の前は主語領域（subject territory），動詞のあとは目的語領域（object territory）である（Fries 1940: 19）

⑤-⑧は，いずれも，動詞の右側は目的語の領域と感じられる，という趣旨のことを述べていると考えてよい．この説明は，現代英語の強い傾向をとらえているけれども，水漏れする（leak）ところもある．たとえば，(26a)，(27a) で見るように，「目的語の領域」でも主格の I が許されるからである．

Huddleston and Pullum (2002: 459) は，(26), (27) の二つの文を比較して，I は「格式的」(formal)，me は「略式体」(informal) という，スタイルの差があると説明している．

(26) a. It is *I* who love you.
　　　b. It's *me* who loves you.
　　　（あなたを愛しているのは，私だ）
(27) a. It is *I* she loves.
　　　b. It's *me* she loves.
　　　（彼女が愛しているのは，私だ）

17.3.3. 新しい解釈

主動詞の右側は目的語の領域であるという説明で，It's me の構文の大部分は説明できると思われるけれども，次の (28) のような例は，この説明の例外になるし，また，Huddleston and Pullum のように，スタイルの差としても説明することはできない．なぜなら，〈格式的〉なスタイルでも，主

格の I は容認されないからである．では，このような場合は，どのような説明が可能だろうか (Huddleston and Pullum は，主格の I が容認されない理由について，何も触れていない)．

(28) This one here is *me*/*I at the age of 12.

(Huddleston and Pullum 2002)

（これは，12 歳のときの私だ）

筆者の説明は，こうである．メンタル・スペース理論の用語で言えば，(28) では，「現在のスペース」にいる私が，12 歳という「過去のスペース」にいる私を対象化して——第三者として——ながめているのである．あるいは，I は自己分裂を起こして，自己の対象化が行なわれている，と言い替えてもよい．自己を対象化している以上，目的格の me しか適切でないのである．

こういうわけで，It's me. が生じる原因として，「目的語領域」に生じるためという原因に加えて，もう一つ，「自己の対象化」という原因を挙げなければ，この現象の十全な説明はできない，というのが筆者の主張である．

次の例にも，自己の対象化が見られる．さらに，(26b)，(32) で見るように，3 人称扱いなので単数で呼応する．

(29) I'm *me* without my hair, ain't I?

(O. Henry, *The Gift of the Magi*)

（あたしは，髪の毛がなくてもあたしじゃないの？）

(30) Poor *me*/*I! （かわいそうな私！）（= It. Povero *me*!）

(31) the real *me*/*I （真実の私）

(32) Look! It's *another Me*! The *other Me* **has** two eyes too, brown and winsome.   (LGC の moderator)

（ごらん！ もう一人の自分がいる！ もう一人の自分にも目が二つある，褐色で愛嬌がある）［鏡を見ながら］

17.4. 痕跡を削除できるか

17.4.1. 従来の説明

(32a) の who の痕跡 (trace, t) は文末にあるので，want to が wanna に縮約されるのを全然妨げない．一方，(32b) では，who の痕跡が want と to との間に残っているので，wanna 縮約は生じない，と従来説明されてきた．

(33)　a.　Who do you *wanna* succeed *t*?
　　　　　（君は，だれのあとを継ぎたいのか）
　　　b.　Who do you *want t* to succeed you?
　　　　　（君は，だれにあとを継がせたいのか）

17.4.2. 反例

しかし，英語史をひもとくと，wh 語の痕跡が存在するはずのところに，人称代名詞が生じている例 (再叙的代名詞 (resumptive pronoun)) によく出くわすのである．

(34)　　　　　　　　　　and then I lost
　　　(All mine own folly) the society,
　　　Amity too, of your brave father, ***whom***
　　　(Though bearing misery) I desire my life
　　　Once more to look on **him**.
　　　　　　　　　　(Shakespeare, *The Winter's Tale* 5.1.134-8)
　　　（それから，私は(すべておのれの愚かさのために)あなたの立派なお父上のご厚誼と親睦をも失ってしまいました．そのお父上に(不幸に耐えて)生きながら，もう一度お目にかかりたいと願っています）

(34) の whom が on の目的語の位置から wh 移動したのであれば，そこに痕跡（または，whom のコピー元）が残るはずである．その痕跡（またはコ

ピー元）に重ねて，him を挿入することは理論上可能だろうか．

　いや，古い英語ばかりではない，現代の英語にも痕跡が削除されているとしか解釈できない例が見いだされるのである．(35), (36) の例では，think のあとに wh 語の痕跡が残っているはずなのに，think と is とが縮約されて think's となっている．

(35) What do you *think's* happening there tomorrow?

(Bošković 1997: 35)

（あす，そこで何が起こると思っているのですか）［... think *t* is］

(36) Who do you *think's* winning?　　(Radford 1997: 250)

（だれが勝ちそうだと思っているのですか）［... think *t* is］

　また，(34) と同様に，移動した関係詞があるのに，人称代名詞を再叙する用法は，非標準語のイギリス英語にときどき生起することが知られている．[2]

(37) I was driving a car **that** I didn't know how fast *it* could go.

(Swan 1995)

（私は，どれくらいの速さで走れるかわからない車を運転していた）

　以上の事実は，痕跡の措定の妥当性に対して，重大な疑問を投げかけるものである．痕跡を認めるのは，理論上好ましいと思うが，それは物理的に存在するのではなくて，いわば残像として脳裏に存在する，と考えるべきではなかろうか．

　2．たとえ，(37) の that が移動しない関係代名詞であるとか，この that は関係代名詞ではなくて補文標識であるとか仮定するにしても，ではなぜ，このような構文が非標準になるのかという疑問（ここで立ち入る余裕はないが）は，どのみち，説明されなければならない．

第 III 部

英語学点描

第 18 章

since 構文と時制

18.1. 主節の時制

　時を表す since（前置詞・接続詞）を含む構文の主節の時制は，普通，完了形が用いられる．(1) は現在完了形の，(2) は過去完了形の例である．

(1) I *'ve known* Mary **since** 1980/we were at school together.
　　[*I know Mary]
　　（1980 年／学生時代以来，私はメアリーとは知り合いだ）

(2) I was sorry when Jacky moved to America; we *had been* good friends **since** university days. 　　　　(Swan 2005)
　　（ジャッキーがアメリカへ移住したときは残念だった．私たちは大学生時代から仲良しだったのだ）

　ところが，Quirk et al. (1985: 1016) は，次の三つの場合，主節に単純現在／過去時制を用いることができると述べている．
　(*a*)　状態動詞，特に be, seem, 進行形が，継続的な意味に用いられた場合

(3) a. Things *are* different **since** you've gone.
　　　（君が去って以来，事情が変わっている）

b.　**Since** Pat left, it *seems* dull here.
　　　　　（パットがいなくなって以来，ここは退屈に思われる）
　　　c.　I*'m feeling* much better **since** I had an operation.
　　　　　（手術して以来，ずっと気分がいい）

　Swan (2005: 513) は，(4) のように，完了形ではなく，単純時制がときどき見られるのは，特に変化を表す文 (sentences about changes) においてである，としている．

　(4)　a.　You*'re looking* much better **since** your operation.
　　　　　（手術して以来，ずっと元気になったようですね）
　　　b.　She *doesn't come* round to see us so much **since** her marriage.
　　　　　（彼女は結婚して以来，あまり会いに来ない）
　　　c.　**Since** last Sunday I *can't* stop thinking about you.
　　　　　（この前の日曜日以来，あなたのことを考えてばかりいます）
　　　d.　Things *weren't going* so well **since** Father's illness.
　　　　　（父が病気して以来，事態はあまりうまくいっていなかった）

　そう言えば，(3a-c), (4a-c) には過去と現在，(4d) には大過去と過去との「変化」あるいは「対比」を認めることができる．

　なお，Quirk et al. (1985: 1016) は，このようなすべての場合，Things *have been* different **since** you've gone. のように，完了形を用いることができる，と述べている．

　(**b**)　主節に法助動詞，特に can と could，および have to のような準助動詞が含まれる場合．この場合，普通 ever で継続の意味が補強されている．

　(5)　a.　(**Ever**) **since** my teeth were pulled out I *can't* eat anything solid.
　　　　　（歯を抜いて以来，堅い物がいっさい食べられない）
　　　b.　I *have to* use crutches (**ever**) **since** I had a car accident.
　　　　　（車の事故に遭って以来，松葉杖を使用しなければならない）

c. They *won't* smoke (**ever**) **since** they saw a film on lung cancer.
(彼らは，肺ガンの映画を見て以来，タバコを吸おうとしない)

このような場合，法助動詞は，完了形が作れないので，準助動詞または同義の語彙動詞を使って，完了形を作る．

(6) a. (**Ever**) **since** my teeth were pulled out I *haven't been able to* eat anything solid.　(= (5a))
b. I *have had to* use crutches (**ever**) **since** I had a car accident.　(= (5b))
c. They *have refused to / decided not to* smoke (**ever**) **since** they saw a film on lung cancer.　(= (5c))

(*c*)　動詞が習慣を指しているとき．(筆者注：習慣は，定義上，継続的であることを考慮すれば，これは (*a*) にまとめることができる．)

(7) a. (**Ever**) **since** we bought that car we *go camping* every weekend.
(あの車を買って以来，毎週キャンプに行っている)
b. I'*m doing* well **since** I invested in the money market.
(金融市場に投資して以来，もうかっている)

Quirk et al. (1985) は，触れていないが，上記の場合のほかに，Swan (2005: 513) の指摘するとおり，〈英〉では It is/was ... since ... の構造では，単純時制が普通に用いられる．このような例は，(*a*) に準じて説明できよう．

(8) a. It'*s* a long time **since** the last meeting.
(最後の会合以来，ずいぶん時が経っている)
b. It *was* ages **since** that wonderful holiday.
(あのすばらしい休暇以来，長い年月が経っていた)

〈米〉では，この構造では完了形が好まれる．

(9) a. It's *been* a long time **since** the last meeting.
    b. It *had been* ages **since** that wonderful vacation.

(*a*)-(*c*) の諸例を一般化するならば，<u>主節の動詞が時間的継続を含意する場合は，現在時制で完了形を代用することができる</u>，と言えそうである．

具体的に言えば，まず，(*a*) の be/seem などの状態動詞および進行形は，定義上，[+durative] であり，(*c*) の習慣を表す単純時制・進行形も必然的に「時間的継続」を含意する．次に，(*b*) の法助動詞の場合は，文法上，*I haven't could と言えない以上，完了形は使いたくても使えない．しかし，この場合ですら，Quirk et al. (1985) の言うとおり，普通 ever で補強して，なんとか [+durative] の含意を伝えようとするのである．この言い方 (*ie* (5a)) にすわりの悪さを感じる話し手にとっては，まったく問題のない，(6a) の I *haven't been able to* eat anything solid. という迂言形を使用する道が残されているのである．

NB ドイツ語では，英語の現在完了に対して現在時制を，過去完了に対して過去時制を用いる．
  (i) Wir *leben* schon **seit** 7 Jahren in Berlin.
      （私たちは，もう7年もベルリンに住んでいる）
  (ii) **Seit** seiner letzten Krankheit *hörte* er schwer.
      （彼は前の病気以来，耳が遠くなっていた）　　　　（以上 Curme 1922）

18.2. since 節中の時制

since 節中の時制は，過去の場合と，現在完了形の場合があるが，両者の区別は，(10) のように単純明快である．

(10) since 節が<u>過去の時点</u>を指す場合は過去時制が用いられ，節が<u>現在まで続く期間</u>を表している場合は現在完了形が用いられる．

(11) a. I've known her **since** we *were* at school together.
      （学生時代以来，彼女とは知り合いだ）

b. I've known her **since** I'*ve lived* in this street.
　　　　（この通りに住むようになって以来，彼女とは知り合いだ）
　　　　　　　　　　　　　　　　　　　　　（以上 Swan 2005）

(11a) では，現在時と関係がないので過去時制が用いられ，(11b) では，現在も引き続いてこの通りに住んでいるので現在完了形が用いられている．
　次例についても，同じことが言える．

　　(12)　a.　**Since** I *started* swimming, I have lost five pounds.
　　　　　　　（泳ぎはじめて以来，5 ポンドやせた）
　　　　b.　I've had a dog **ever since** I'*ve owned* a house.
　　　　　　　（私は家をもつようになって以来，犬を飼ってきた）
　　　　　　　　　　　　　　　　　　　　（以上 Quirk et al. 1985）

(12a) では，泳ぎはじめた時は過去だから過去が用いられるべくして用いられ，(12b) では，家を現在も所有しているので，現在完了形が用いられるべくして用いられている．

第 19 章

?why to do と *who to go

19.1. ?why to do の実例

疑問詞の what, when, how, where, whether などは to 不定詞を伴うのに，why のみは to 不定詞をとらないという事実は，よく知られている．

(1) a. She couldn't decide *what to* do next.
(彼女は次に何をすればいいのか，決められなかった)
b. You must learn *when to* be silent.
(君はいつ口をつぐむべきかを学ばなければならない)
c. Do you know *how to* do it?
(それの仕方を知っていますか)
d. You know *where to* find me.
(どこを捜せば私がいるか，君は知ってるよね)
e. Diana wondered *whether to* sit there or leave.
(ダイアナは，そこにすわるべきか，去るべきかといぶかった)
f. *I don't know *why to* study English.

その理由については，筆者の知るかぎり，統語論と意味論の立場からの三つの意見がある．

第1に，統語論の立場からは，この構文が省略文であることを示唆している，とする Jespersen (*MEG* V: 325) の意見がある．

 (2) a. What (am I/ is one) to do?
    （どうしたらいいのか？）
   b. Why (should you/don't we) do it at once?
    （なぜ，すぐするのか／しないのか？）

第2に，when/how などと違って，why は本来，文全体を修飾する副詞であって，to 不定詞（あるいは動詞）だけと概念的に結びつくことは困難である，とする石橋（編）(1966: 1167) のすぐれた意見がある．たとえば，(3) の why to know は，(4) でパラフレーズしたような意味を表していて，to know を直接修飾しているのではないと考えられる．

 (3) That is *why to* know him is to trust him. (BNC)
 (4) That is why it is that to know him is to trust him.
   （彼を知れば，信じるようになるのは，そのためである）

第3に，Dixon (1991: 235) は，意味論的な理由を挙げている．彼は，

 (5) *I don't know *why to* go.

が非文法的なのは，why がある行動を起こす理由を問いただすのに対して，「…するべき」という叙法的 (modal) な意味を表す to 不定詞は，その行動に意図的に参与することを表すので，両者は意味的に両立しないのである，と説明している．

それかあらぬか，Brown, LOB, HTI などのコーパスにも why to do の用例は見いだせない．けれども，why to do という有標の形式が，絶対に生じないわけではない．以下に，BNC で検索した例を挙げてみよう．

 (6) a. It means deciding *where*, *when* and *why to* say Yes.
    （それは，どこで，いつ，なぜ，「イエス」と言うべきかを決めることを意味する）

b. The child needs to learn *how* and *why to* use a potty.
   (子どもは，おまるを使う方法と理由を学ぶ必要がある)

(7) But I can tell you *why to* love.
    (でも，なぜ愛さなければならないか，お教えできます)

特に，(6a, b) のように，他の to 不定詞をとる wh 語と並列的に使用される場合は，to 不定詞の使用はかなり自然である，というよりも，むしろ，必然であると言ってもよい．

(7) にしても，to を落として why love としたならば，「なぜ愛するのか，その必要はないではないか」というように，反語的な意味に解されるおそれがある．

ということは，why to do という結びつきは自由に使うことはできないとしても，(6), (7) のように，それを使用せざるをえない場合がある，ということになる．

一方，やはり BNC で検索した (8) のような例は，直接疑問文だから，to を付ける必然性はない，としてよい．

(8) *Why to* bother so much about the details, you may ask.
    (なぜ細部にそんなにこだわるのか，とあなたは尋ねるかもしれない)

19.2. *who to go

次にとりあげるのは，I don't know what to do. は文法的なのに，*I don't know *who to go* (だれが行くべきなのか，わからない) は，なぜ非文法的なのか，という問題である (who は主語).[1]

これは，格付与の観点から説明できる．それぞれは，(9), (10) のような構造をしている．

---

1. I don't know *who should go*. のように，時制をもった文 (tensed-S) にするなら，まったく問題はない．

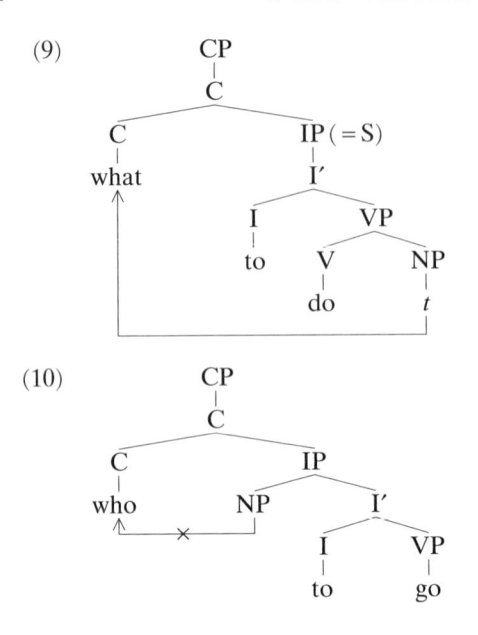

(9)
```
           CP
           |
           C
         /   \
        C    IP(=S)
        |     |
       what   I'
        ↑    /  \
        |   I    VP
        |   |   /  \
        |   to V    NP
        |      |     |
        |      do    t
        |_____|
```

(10)
```
           CP
           |
           C
         /   \
        C     IP
        |    /  \
       who  NP   I'
        ↑   ×   /  \
        |__/   I    VP
               |    |
               to   go
```

(9) の what は, do の目的語として対格をもらっているが, (10) の who は, 屈折要素の to に格を付与する能力がないため格が付与されない. そこで, 容認されない. ただし,

   (11)   I don't know who$_i$ to go with t_i.
          （だれといっしょに行くのか知らない）

なら, who が with から斜格 (oblique case)(=前置詞が与える格) を付与されているので適格である. 対応するフランス語の Que faire?(=What to do?) と *Qui aller?(=*Who to go?) の容認可能性の違いについても, 英語と同様な説明が可能である.

第20章

Who may you be?

　かなり有標の用法ではあるが，認識的可能性の may が，wh 疑問文に生じて，直接疑問文の唐突さを和らげたり，ときには皮肉な感じをかもしだすことがある（(2) のように might を使用すれば無標の言い方となる）．

(1)　How old *may* Phillis be, you ask.　　　　　　(OED²)
　　（フィリスは何歳だろうか，と聞くんですね）

(2)　How old *may*/*might* you be?　　　　　　(OALD³)
　　（あなたは，何歳なんでしょうね）

(3)　Who *may* you be?　　　　　　(KCED)
　　（あなた，どなたでしょう）

(4)　Whose child *may* this little girl be?　　　　　　(CED³)
　　（この女の子，だれの子なんでしょうね）

　OED² (s.v. *May* 11.7) は，(1) のような may は「質問をあまり唐突に，または辛辣にしないために」(to render the question less abrupt or pointed) 用いられると説明している．

　Web³ は，「質問においてぶっきらぼうさを避けるために，ときに用いられる」(used sometimes to avoid bluntness in a question) として，⟨how old *may* you be?⟩ という例を示している．

　CED³ は，「質問において丁寧さを表すため」(to express courtesy in a

question) として，(4) の例を挙げている．

一方，OALD[3] は，(2) の may/might の用法を「不確かさを表したり，情報を求めたり，不審の念を表す」(expressing uncertainty, and asking for information, or expressing wonder) ものとしている (OALD[5, 6, 7] からは，残念ながら，この例は削除されている)．

KCED (1999) は，(3) の例を挙げて「不確かさを強調する」(emphasizing uncertainty) と説明している．

さらに，Palmer (1974: 137) は，(5) の二つの文を比較して，(5a) は可能な意味を尋ねるもので，認識的用法であるが，(5b) は「しばしば皮肉に」，What do you mean by that? という意味に用いられるもので，おそらく非認識的用法（＝根源的用法）であろうとしている．

(5) a. What *can* that mean?
     (いったい，それはどういう意味ですか)
  b. What *may* that mean?
     (そりゃ，どういうことでしょうかね)

以上を要するに，この may の用法には，丁寧さ，不確かさ，皮肉という，一見ばらばらな，三つの含意があることになる．これをどう説明したらいいだろうか．私見では，これらは，相矛盾することなく止揚することができると思われる．つまり，不確かであるために質問が控えめになり，質問を控えめにすることが，かえって，いんぎん無礼 (politely insolent) な印象を与えることもあるのだと考えられる．

なお，問題の may は，Palmer の言うような，非認識用法ではなく，同じ環境で使われる might と同様に，やはり，認識的可能性（＝推量）を表す用法と考えるべきだろう．

BNC には，次のような実例が検索される．

(6) And who *may* you be? (1990 年)
    (で，あなたはどなたでしょう)
(7) Oh, and what *may* that mean, pray? (1993 年)

(ああ，で，それはいったいどういう意味でしょうかな)

これらの場合，いずれも，OED[2] が「すでに聞いたことに対する驚きを表したり，その真実性を尋ねたりする」(expressing surprise at, or asking the truth of, what one has already heard) 働きをする and や，OALD[7] が「古風または皮肉な用法」(old use or ironic) とする pray が付いているので，「いんぎん無礼」の含意が強められている．

ちなみに，(2), (9a, b) のように might を使用すれば無標の言い方となる．Google には，次のヒット数が見いだされる．

(8) a. Who *may* you be?　　　（約 10,100 例）
    b. What *may* that mean?　　（約 211 例）
(9) a. Who *might* you be?　　（約 37,100 例：may の 3.6 倍）
    b. What *might* that mean?　（約 15,600 例：may の 73 倍）

このコーパスでも，上記のような含みをもつ and や pray と共起する例が多いことは注目に値する．

第 21 章

Jespersen sometimes nods.

21.1. What's the matter?

　標題の構文のように，直接疑問文の場合，what と the matter のどちらが主語かという議論は，what が主語で，the matter が wrong, amiss という意味の述語形容詞的に用いられているということで，一応の決着がついていると思われる．what の主語性は，what の代わりに，something, everything, nothing, anything のような代名詞を使用した場合，明白になってくる．

(1) *Something* is the matter with thee, father.
　　　　　　　　　　　　　　　　　　(Steinbeck, *Tortilla Flat*)
　　（あんたはどうかしてるんだよ，父さん）

(2) "Is *anything* the matter?" "Ach, yes, *everything* is the matter." (Christie, *N or M?*)
　　（「どこか悪いのですか」「ああ，そうですとも，何もかも悪いですよ」）

(3) *Nothing* is the matter with him. (Google)
　　（彼はどうもしません）

ところが，これが間接疑問文の形式になると，what と the matter のど

ちらを主語と見るかについて，揺れが見られる．Jespersen (*MEG* III: 392) は，What is the matter? に対応する間接疑問文では語順にためらいが見られるとして，次の二つの語順を示している．

(4) a. not knowing *what the matter is*

(Shaw, *Androcles and the Lion*)

（どうしたのか知らないので）

b. tell me *what's the matter*　　(Dickens, *David Copperfield*)

（どうしたのか，言っておくれ）

しかし，「今日ではほとんど常に what が主語，the matter は What's wrong?/What's amiss? のような同義表現と同様に，述詞（＝主語補語）と解釈される」——つまり，(4b) タイプの語順——とするが，実際には (4a) タイプの語順も用いられている．試みに British National Corpus (BNC) で，上の二つのタイプの語順を検索してみると，次のようなヒット数が得られる（このとき，間違いなく間接疑問文の例を数えるために過去形の was のみを検索した．is なら直接疑問文がヒットしてしまう）．

(5) a. what the matter was　　　8 例
　　b. what was the matter　　　15 例

さらに，Google では，次のヒット数が得られる．

(6) a. what the matter was　　　約 72,800
　　b. what was the matter　　　約 403,000

Jespersen の言うとおり，確かに，(4b) タイプの語順は，BNC では (4a) タイプの語順の 2 倍弱，Google では，(4b) タイプの語順は，(4a) タイプの語順の 5 倍強，生起している．しかし，(4a) タイプの what the matter was の語順も，Google では約 72,800 を数えるのだから，「ほとんど常に」(4b) タイプの語順と言い切ることはできないのではないか．

それぞれの語順の例を，BNC から 4 例ずつ挙げておく．

(7) a. It doesn't follow that he knows *what the matter is*.

（彼がどういうわけかを知っていることにはならない）

b. I know *what the matter is*. （どうしたのか知っている）

c. She did not know *what the matter was*.
（彼女は，どうしたのか知らなかった）

d. I came to see *what the matter was*.
（どうしたのか，わかるようになった）

(8) a. But I want to know *what is the matter*.
（でも，どうしたのか知りたい）

b. Tell me *what is the matter*. （どうしたのか教えてくれ）

c. She hadn't told him *what was the matter*.
（どうしたのか，彼女は彼に告げなかった）

d. I could not understand *what was the matter* with her.
（彼女はどうしたのか，わからなかった）

また，Jespersen は同じ箇所で，what が主語である以上，What can be the matter? とは言えても，What can the matter be? とは言えないと言っている．しかし，(7) のように，the matter を主語と解する話し手がいる以上，What can the matter be? という言い方の生起は，当然，予測されるのである．この表現は，BNC に 2 例，Google では（ほとんどダブりだが）約 55,400 の例を数えることができる．

(9) And oh dear, *what can the matter be*?
（おやおや，いったい，どうしたのだろう）

これは，次の有名な童謡のタイトルのもじりである（最初の 2 行のみ引用）．

(10) Oh, dear! What can the matter be?
Dear, dear! What can the matter be?
（おやまあ！　いったい，どうしたの？）

21.2. Oh, to be in England

Jespersen (*MEG* V: 330) は，孤立した不定詞 (isolated infinitive) が願

望または熱望を表す場合があるとして，次の例を示している．

(11) *Oh, to be* in England
   Now that April's there,

   (Browning, *Home Thoughts from Abroad*)
   (ああ，イングランドにいられたらなあ，いまやあそこは春なのだ)

(12) And *O! to see* this sunlight once before he died!

   (Stevenson, *The Merry Men*)
   (それから，ああ，死ぬ前に一度この陽光を見たいものだなあ！)

そして，たとえば，(11) は To be in England would be delightful のような文の後部省略 (aposiopesis) として説明しているが，Browning は「イングランドにいれば楽しいだろうなあ」と言っているのではなく，「ああ，イングランドにいたいなあ」という切々たる「望郷」の念を表出しているのである．Jespersen の誤読の原因は，行頭の Oh の寄与する意味を無視したことにあると思われる．すなわち，Oh, to be in England は，'I wish to be in England' という意味を表しているのだ．言い替えれば，この Oh は，文の他の部分から遊離した単なる間投詞ではなく，統語的に「願望表現」の一部に組み込まれているのである．

こうした「願望」を表す Oh/O は，次のような構文でも使用されている．

(13) *Oh that* I had never seen it!   (Onions 1929)
   (ああ，あんなものを見なければよかった！)

(14) *O for* a draught of vintage! that hath been
   Cooled a long age in the deep-delved earth,

   (Keats, *Ode to a Nightingale*)
   (ああ，一杯の美酒が飲みたい！ 深く穿たれた地下で長い年月冷やされた葡萄酒を)

ここで，Oh that は，'I wish' の意味であり，O for は 'I wish to have' の意味である．

第 22 章

anaphoric と cataphoric の訳語

　指示／人称代名詞などの指示語は，(1) のように，既出の表現を指示する場合と，(2) のように後続する表現を指示する場合がある．

(1)　I have *a son*.　**He** is seven years old.
(2)　**It**'s a country of vast extent, is *China*.　　　　　(OED²)
　　　（広大な国だよ，中国は）

　普通，前者の用法に**前方照応的** (anaphoric)，後者の用法に**後方照応的** (cataphoric) という訳語が与えられている．ところが，研究社の『新大英和』(第 6 版) には anaphoric に「前方照応的」と並んで，「逆行照応的」という，訳語も見えている．

　日本語の普通の用法では，「前方」とは顔の向いている方向であり，「後方」とは背中の向いている方向を指す．「前方に注意」と言われたとき，後ろを向く日本人は一人もいないだろう．そうすると，談話が左から右へと流れているとき，すでに発話された表現を「前方」と言い，これから言わんとする表現を「後方」と言うのは，日本語の日常語の語感に反するものと言わなければならない．「前方」と同義に，「逆行」という用語が使われれば，混乱はますますひどいものになる．

　次に，(3) のような，等位節中に同一の動詞が含まれている場合，どちらかの等位項 (conjunct) の動詞を省略する**空所化** (gapping) において，「後

ろ向きの／前向きの空所化」(backward/forward gapping) という術語が使用されるときがある．

 (3) a. John hit Mary and Bill ϕ Jane．［前向き］
   b. 太郎が花子をϕ，次郎が梅子をぶった．［後ろ向き］

英語のようなSVO言語は，(3a) のように，右側の等位項の動詞が空所化され，日本語のようなSOV言語では，(3b) のように，左の等位項の動詞が空所化される．このとき，(3a) のような場合を**前向きの**空所化 (forward gapping)，(3b) のような場合を**後ろ向きの**空所化 (backward gapping) と言う．これは，anaphoric/cataphoric の訳語とは異なり，日本語の「前後」の慣用と一致している．

 さらに事態をますます混乱させるのは，音声学・音韻論の分野で「同化」(assimilation) という現象を説明するとき，「**逆行／先行**」(regressive)，「**進行**」(progressive) という用語が使用されていることである．

 ha**ve** [hǽf] to のように後続音が先行音に影響する場合が「**逆行／先行**同化」の例であり，ha**pp**e**n** [hǽpm] のように，先行音が後続音に影響する場合が，よりまれな「**進行**同化」の例である．

 筆者は，このような混沌とした術語使用の現状を整理するために，言語の線条性 (linearity) という性質にかんがみて，発話の右から左（あるいは，現在から過去）への方向を「**逆行**」と呼び，左から右（あるいは，過去から現在）への方向を「**順行**」と呼ぶことを提唱したい．そうすると，anaphoric reference は「逆行指示」，cataphoric reference は「順行指示」と言え，backward gapping は「逆行空所化」，forward gapping は「順行空所化」と言える．そして，regressive assimilation は「逆行同化」，progressive assimilation は「順行同化」と，三分野を通して同一の用語の使用が可能になる．

 この「逆行」，「順行」という用語は，筆者の恣意的な用語ではなく，病理学で言う「逆行健忘」（記憶障害が生じた時点より以前にさかのぼって一定期間のことを思い出せない場合），「順行健忘」（事故のあと新しい事柄を学習できない場合）から借りた用語である．

# 第 23 章

learn to do と learn how to do

次のような辞書の記述を見ると，learn to dance と learn how to dance とは，同義で交換可能であるように思われる．

LDCE[4] は，learn (how) to do something として，次例を示している．

(1) I *learnt to* drive when I was 17.
    （私は 17 歳のときに車の運転ができるようになった）
(2) Hector spent the winter *learning how to* cope with his blindness.
    （ヘクターは，その冬の間じゅう，自分の目が見えないことと対処する方法を学んだ）

OALD[7] には，learn の項で [v **to** inf, v **wh-**] として，次の用例が挙がっている．

(3) He's *learning to* dance. （彼はダンスを習っている）
(4) He's still *learning how to* dance.
    （彼はまだダンスの仕方を習っている）

CALD は，learn の項で [+ to infinitive] または [+ question word + to infinitive] として，次例を示している．

(5) I'm *learning to* play the piano.

— 212 —

（私はピアノを学んでいる）
(6) First you'll *learn* (*how*) *to* use this machine.
（まず，この機械の使い方を学ぶでしょう）

しかし，無制限にどちらの形式を用いてもかまわないということにはならないと思われる．たとえば，BNC で検索すると，(7) のように，learn to like/love/believe a person の例は少数ながら見いだせるけれども，learn how to like/love/believe a person という言い方は 1 例もないという事実を，どう説明したらよいだろうか．

(7) a. It was also essential that Constance should *learn to like* Italians and the Italian life.
（コンスタンスは，ぜひイタリア人とイタリアの生活を好きにならなければならなかった）
b. Please, please, you must *learn to love* me!
（どうか，どうか，私を愛するようになってくださらなくちゃいけないわ）

私見では，how を付けるのは，特に「技術」(skill) の習得を念頭においている場合である．何かが好きになるとか，だれかを愛するようになるとか，何かを信じるような場合，how to like/love/believe が使えないのは，そういう情動は「技術」ではないからである．

小西 (1980: 842) は，learn に (i)「習い覚える」と (ii)「...するようになる」という二つの意味を認め，(i) の意味では how を付加できるとして，次例を示しているのも，同様な考え方に基づくものと考えられる（ただし，この本には，なぜ how to like がだめなのかの説明はない）．

(8) a. The boy *learned how to* walk.
（男の子は，歩き方を習い覚えた）
b. *I *learned how to* like her.

しかし，「...するようになる」という訳語は，(9) のように，learn が過去形か (a)，現在完了形 (b)，または未来時を指す (c) 場合にかぎられ，(10)

のように，進行形のときや，how が付いたときには利用できないことに注意しなければならない．

(9) a. This is how I *learned to* swim. (Google)
（こんなふうにして私は泳げるようになった）

b. Over the past decade Muslims *have learnt* to stand up for themselves. (BNC)
（過去 10 年の間にイスラム教徒は，ちゃんと自立するようになった）

c. I *will learn to* know myself with the help of my inner teacher. (BNC)
（私は，私の内なる師の助けにより自分を知るようになるだろう）

(10) a. I'm *learning to* dance. （私はダンスを習っている）

b. I had to *learn how to* compromise (BNC)
（私は，妥協するすべを学ばなければならなかった）

第 24 章

'He's fat, and scant of breath'

　Hamlet の第 5 幕大詰めの場．Hamlet は，国王，王妃，廷臣一同の見守る中で，Ophelia の兄 Laertes と剣の試合をする．1 本目，2 本目ともに Hamlet が勝ち，一息入れているとき，王妃 Gertrude は，息子の勝利を喜んで，次のように言う．

　(1)　***He's fat, and scant of breath.***
　　　Here, Hamlet, take my napkin, rub thy brows.　(5.2.285-86)
　　　(あの子はあんなに汗をかいて，息をきらして．さあ，ハムレット，このハンカチで額をお拭きなさい)（三神勲訳）

　この "He's fat" が問題の句であるが，The Riverside Shakespeare には fat＝sweaty とあり，上の三神氏の訳もこの解釈をとっている．研究社の『新大英和』(第 6 版) には，「《廃・方言》汗ばむ，汗かきの (sweaty) (cf. Shak., *Hamlet* 5. 2. 287)」という定義が見える．
　ところが，『英語青年』(2002 年 3 月号) の注釈書書評『ハムレット』によれば，エリザベス朝文化において "fat" は，embonpoint（肉付きがよい，よい体つきの）というよい意味合いをもった語であった，と編者たちは説明しているとのことである．
　本章では，問題の "fat" の意味は，Riverside 版，三神氏，『新大英和』のように，sweaty ととるのが最適であることを，四つの理由を挙げて証明

― 215 ―

してみたい.

　第1に，エリザベス朝文化において，"fat" は，embonpoint という良い意味合いのみで用いられたのではない．確かに，OED^2 (s.v. *Fat* 2.a.) にある，Of animals or human beings, their limbs, etc.: In well-fed condition, plump; well supplied with fat という意味が embonpoint に対応すると考えられ，シェイクスピアからは次の引用がある．

　　(2)　**1598** SHAKES. *Merry W.* V.v.14.
　　　　A Windsor Stagge, and the *fattest* (I thinke) i'th Forrest.
　　　　((おれはいま) ウィンザーのシカだ．おそらく，森ん中で一番まるまる太ったシカだろうて)

しかし，同時に，エリザベス朝においても，fat は悪い意味でも用いられているのである．OED^2 (s.v. *Fat* 2.b.) には In unfavourable sense: Overcharged with fat, corpulent, obese という定義のもとに，やはり，シェイクスピアからの引用がある．

　　(3)　**1598** SHAKES. *Merry W.* IV.v.25.
　　　　There was ..., an old *fat* Woman euen now with me.
　　　　(でぶのばばあが，ついさっきまでおれのところにいたよ)

しかも，2.a. の良い意味は c893 年から，2.b. の悪い意味は a1000 年から用いられているのであって，2.a. は決してエリザベス朝に特有な意味ではない．さらに，いちいち例を引用するスペースはないが，2.c. の fig. (比喩的) の意味でも,[1] また，3.a.[2] と 4.a.[3] に見える，物を指す場合の意味においても，シェイクスピアは，fat を使用しているのである．したがって，エリザベ

---

[1] I will feede *fat* the ancient grudge I bear him.　(*Merch. V.* I.iii.48)
　(積年の恨みを思い切り晴らしてくれる)
[2] There are ... Traders riding to London, with *fat* Purses.　(*1 Hen. IV* I.ii.141)
　(財布をみっちり膨らませて商人どもがロンドンへ馬でやってくる)
[3] If you be not too much cloid with *Fat* Meate,　(*2 Hen. IV* V.v.143)
　(脂の多い肉で飽き飽きしておいででないならば)

朝文化における fat の意味は，決して 2.a. に限られていたわけではない，という帰結になる．

第 2 に，[−temporary] *and* [＋temporary] の意味特徴をもつ二つの形容詞の等位接続は言語学的に許されない，という事実がある．scant of breath（息切れがして）は，明らかに一時的 [＋temporary] の状態である．言語学的に言えば，およそ *x* and *y* という等位構造がある場合，*x* と *y* は，通例，同一の統語的カテゴリーで，必ず，同一の意味的カテゴリーでなければならない．したがって，scant of breath が [＋temporary] という意味特徴をもつからには，等位項（conjunct）である fat も [＋temporary] という意味特徴をもっていなければならない．ところが，「よい体つき」というのは半ば恒常的な，つまり，[−temporary] な特徴である．「よい体つきをして，息切れがしている」が意味的におかしいのは，[−temporary] and [＋temporary] というように，二つの形容詞の意味特徴がミスマッチを起こしているからである．

福田恒存訳では，「あの子は汗かきで，すぐ息切れがするたちだから」となっているが，筆者がこの訳を採らないのは，"fat, and scant of breath" は一時的な状態に言及しているのであって，「たち」という [−temporary] な性質に言及しているのではないからである．現代英語においても，He is short of breath. は，「彼は（いま）息切れがしている」という意味であって，「すぐ息切れするたちだ」という意味にはならないのである．

第 3 に，「よい体つきをして，息切れがしている」では，王妃の「さあ，ハムレット，このハンカチで額をお拭き」という，次の言葉とすんなりとつながらない．一方，「汗をかいて，息切れがしている」と解するならば，あとの王妃の言葉ときわめて自然につながっていく．「よい体つきをして，息切れがしている」では，汗をかいているのか，かいていないのか不明である．

第 4 に，fat（＝sweaty）は，標準英語ではなく，シェイクスピアが言語形成期を過ごした Warwickshire の方言である．大塚高信博士の『書誌学の道』(1977) に，次のエピソードが紹介されている．1924 年の初春，アメリカの Wooster 大学の W. H. Dunn 教授は，教室で *Hamlet* を講義していた．話が "He's fat" のくだりに及んだとき，この語については従来いろん

な説があるけれども，いずれも疑問の余地があり，いまだに満足できる解釈がないという実情を語った．すると，一人の女子学生が立ち上がって，「それは sweaty という意味ではありませんか」と質問した．教授がその理由を尋ねると，その女子学生は次のような経験を語った．

　昨年の夏，友人といっしょに Wisconsin の片田舎を旅行していたところ，のどが乾いたので，とある農家に立ち寄って，水を所望した．すると，一人のお婆さんが出てきて，How fat you all are! と叫んで，あっけにとられている彼女たちにおかまいなく，中に入ったかと思うと，水差しいっぱいの水とタオルをもって出てきた．fat というのはどういう意味かと聞きただしてみると，sweaty という意味であることがわかった．——これが女子学生の説明であった．

　一方，翌 1925 年の *The Journal of English and Germanic Philology* において，Michigan 大学の M. P. Tilley 教授（有名な *A Dictionary of the Proverbs in England in the Sixteenth and Seventeenth Centuries* の著者）が，別個に fat が sweaty の意味であることを証明し，それを読んだ Hiram 大学の J. S. Kenyon (*The Syntax of the Infinitive in Chaucer* の著者で，*A Pronouncing Dictionary of the American English* の共著者）が，くだんの女子学生の発見に間違いなしという折紙をつけてくれた．そういう趣旨のことを書き添えて，Dunn 教授は 1927 年 5 月 26 日の *Times Literary Supplement* に "Hamlet's Fatness" という記事を発表し，ここに，多年にわたって問題になっていた fat の解釈に決定的光明が与えられた．その後，J. N. Bryson という学者が，問題の農家を捜してその出自をただしたところ，この一家はイギリスの Warwickshire の出身であることが判明したという後日譚もある．言語形成期をこの州で過ごしたシェイクスピアが，意識的にか無意識的にか，fat = sweaty という生まれ故郷の方言を使ったとしても少しも不思議ではない．Riverside 版の fat = sweaty という注釈も，以上の経緯をふまえてのものと忖度される．

第 25 章

The Cricket on the Hearth を読む

　いま必要があって，Dickens の *The Cricket on the Hearth* を読み返している．ところどころで，気を付けていないとつまずくような箇所にぶつかる．2, 3 の例を挙げると，たとえば，次のくだりの before だ．

(1)　Sometimes, in the twilight, when I have felt a little solitary and downhearted, John — before baby was here to keep me company and make the house gay — when I have thought how lonely you would be if I should die; how lonely I should be if I could know that you had lost me, dear; its Chirp, Chirp, Chirp upon the hearth, has seemed to tell me of another little voice, so sweet, so very dear to me, **before** whose coming sound my trouble vanished like a dream.

　　　　　　　　　　　　　　　　　　　(Chirp the First)
　（ときどき，日暮れどきにちょっぴり寂しく，沈んでいるときにね，ジョン——赤ちゃんが生まれて，あたしの相手になって，家のなかを陽気にしてくれるようになるまえのことよ——あたしがもし死んだら，あなたがどんなに寂しがるだろうとか，あなたがあたしを失くしたことを，もしあたしにわかったとしたら，あたしはどんなに寂しがるだろう，って考えたときにね，ジョン，

炉端のリ・リ・リ，リ・リ・リーという鳴き声は，あたしにとって，とっても美しい，とってもいとしい，もうひとつの小さい声のことを告げているように思えたの．そして，その声が近づくのが聞こえたとき，あたしの心配は夢のように消えてしまったの）

I 氏は，「そしてその声が聞こえない中に，あたしの悩みは夢のように消えてしまったわ」と訳し，M 氏は，「そしてその声が聞こえてこないうちに，あたしの悩みは夢のように消えてしまったわ」と訳しておられる．（研究社の小英文双書，および，それを底本にした対訳版では，ここに引用した部分は削除してある．）

しかし，近づいてくるその声が聞こえたからこそ，女主人公の悩みは夢のように消えていったのである．この before は，時間的というよりも，空間的な意味に用いられている．『新大英和⁶』では，前置詞 5 の「... に直面して，... にぶつかって：bow *before* authority 権威の前に屈する／The demonstrators did not recoil *before* the police. デモ隊は警官隊の勢いにもひるまなかった」が当たっている．いわば，近づいてくるその声の勢いに押されて，悩みが夢のように消えていったのである．ここは，H 氏の「そして今一つの声が今に来るかと思うと，私の悩みは夢のように消えてしまったの」という訳文が正しい．

ちなみに，「あたしにとって，とっても美しい，とってもいとしい，もうひとつの声」とは何であろうか．ある注釈書には，「全然別の小さい声」とは，旧約聖書の *1 Kings* 19: 12 の "the still small voice"「静かなる細き声」(＝神の声）のようなものをさすのだろうか，とある．そうではあるまい．これは，明らかに，女主人公がそのときみごもっていた赤ん坊の声である．

次の引用文は，どうだろうか．

(2) 'Oh father, father!' cried the Blind Girl, bursting into tears. 'Oh my hard, hard fate!'

　　　　Caleb drew his hand across his eyes before he answered

第 25 章　*The Cricket on the Hearth* を読む

her.

'But think how cheerful and how happy you have been, Bertha! How good, and how much loved, by many people.'

'That strikes me to the heart, dear father! Always so mindful of me! Always so kind to me!'

Caleb was very much perplexed to understand her.

'To be — to be blind, Bertha, my poor dear,' he faltered, 'is a great affliction; but —'

'I have never felt it!' cried the Blind Girl. 'I have never felt it, in its fulness. Never! ....'　　　(Chirp the Second)

（「ああ，おとうさん，おとうさん！」と盲目の娘は叫んで，わっと泣きだした．「ああ，あたしのつらい，つらい運命！」

ケーレブは，答えるまえに，一方の手で涙をぬぐった．「でも，考えてごらん，バーサ，おまえはこれまでどんなに快活で幸福だったことか！　どんなにいい子で，どんなにたくさんのひとに愛されていたことか」

「それは身にしみて感じているわ，大事なおとうさん！　いつもあんなに気を遣っていてくださるんですもの！　いつもあんなに親切にしてくださるんですもの！」

ケーレブは，ひどく困惑していて，娘の気持ちがわからなかった．

「目が——目が見えないってことは，バーサ，かわいそうな娘」ケーレブは口ごもった．「大きな苦しみだ．でもな——」

「いままでそんなこと，感じたことなんか一度もなかったわ，あたし」と盲目の娘が叫んだ．「そんなこと，つくづく感じたことなんか一度もなかったわ．一度だって！　……」

上の太字体の文を，I氏は，「ケイレブは，彼女の言っていることが分かって大いに混乱した」，M氏は，「ケーレブは彼女のいうことを理解し，大そ

う戸惑った」，H 氏は，「ケーレブは彼女のいっていることがわかると，とても途方に暮れてしまった」と訳しておられる．ケーレブは，娘が目の見えないことを嘆いている，と考えているのである．

しかし，そうでないことは，バーサがそれに答えて言った，'I have never felt it!' という，それを否定することばと，数行あとの 'she was so earnest and pathetic, but he did not understand her, yet.'（娘はそれほど真剣で，痛ましかった．けれども，彼は娘の気持ちがわからなかった，いまだに）という記述から明らかである．バーサは，自分が盲目であることを悲しんでいるのではなく，ひそかに神のごとく敬愛していた雇い主が結婚するという話を聞いて，大きなショックを受けているのである．正しい解釈は，対訳版の「ケーレブは娘の気持ちを理解するのに全く途方に暮れていた」のごときものでなくてはならない．

このような誤読の例を挙げていくと，きりがないので，最後に，Dickens は，少年時代に 18 世紀の Smollett や Fielding の作品を耽読した影響もあってか，しばしば，古語や廃語を使用している点に気をつけなければならないことを指摘しておきたい．たとえば，仕事着を着ているお父さんはあまりハンサムじゃないでしょう，と娘に聞かれたケーレブは，次のように答える．

(3) 'Not quite so **gallant**,' answered Caleb. 'Pretty **brisk** though.' (Chirp the Second)
(「あれほどハイカラじゃないね」とケーレブが言った．「でも，かなりしゃれてるよ」)

ここの gallant は，OED[2] によれば，'Gorgeous or showy in appearances, finely-dressed, smart' という意味の古語（*Arch.*）であり，brisk は 'smartly or finely dressed, spruce' という意味の廃語（*Obs.*）である．Dickens の英語は，現代英語の辞典では読めないのである．

第26章

逸話好きなイェスペルセン

　デンマークの英語学者 Otto Jespersen は，堅い著書の中でもよく逸話を引用する癖がある．おそらく，彼自身，ユーモアを解する人であったろうと考えられる．代表作の一つ『文法の原理』（拙訳，岩波文庫版）から，いくつかの例を拾ってみよう．
◇ウィリアム・ジェームズは，その著 *Talks to Teachers* の 152 ページで，かれの親戚の一人が女の子に passive voice ということばの意味を説明しようとしているところを述べている．

　　"Suppose that you kill me: you who do the killing are in the active voice, and I, who am killed, am in the passive voice." "But how can you speak if you're killed?" said the child. "Oh, well, you may suppose that I am not yet quite dead!" The next day the child was asked, in class, to explain the passive voice, and said, "It's the kind of voice you speak with when you ain't quite dead."

　　（「かりにあなたがわたしを殺すとしましょう．人殺しをするあなたは能動 voice にあり，殺されるわたしは受動 voice にあるわけです」「だけど，殺されたのだとしたら，どうして口がきけるのかしら」「うーん，それじゃあ，わたしがまだすっかり死にきってはいないと

考えたらいいでしょう！」その翌日，女の子は教室で受動態の説明を求められて，「それは，ひとがまだすっかり死にきってはいないときに話す声（voice）です」と答えた）（第12章「目的語，能動と受動」）．

◇ホジソン（*Errors in the Use of English* 91）には，次のような逸話が載っている．高潔のほまれ高からぬ弁護士が，ウィクローからダブリンへ行く途中，夜道で追いはぎに遭った．翌日，かれの父親がオグレイディー男爵に会ったときに，こう言った．

"My lord, have you heard of my *son's robbery*?"
"No, indeed," replied the Baron, "pray whom did he rob?"
（「閣下，私のせがれの強奪のことをお聞き及びでしょうか」「いいや，全然」と男爵が答えた．「ご子息はだれを強奪したのかね」）

この誤解の原因は，robbery が能動・受動に二通りにあいまいであることに因る．弁護士の父親は，robbery を受動の意味に，男爵はそれを能動の意味にとったのである（第12章「目的語，能動と受動」）．

◇サリーは，ある5歳の女の子が，

And Satan trembles when he sees
The weakest saint upon his knees
（いとも力弱き聖者がひざまずいて祈るのを見ても，悪魔はおそれおののく）

という古い賛美歌にひどく当惑したという話を伝えている．──「いったい，なんのために」と女の子がたずねた．「みんな悪魔のひざに腰かけたいなんて思ったの？」

この女の子は，his knees の his が悪魔を指示すると間違えている．それほど悪魔の印象が強烈だったのである（第16章「人称」（サリーは，イギリスの児童心理学者））．

◇ドイツ皇帝が皇太子妃にあてた電報（1914年）が誘い出したおかしみにも注意せよ（と Jespersen が言う）．

第 26 章　逸話好きなイェスペルセン

Freue mich mit dir über Wilhelms ersten sieg. Wie herrlich hat Gott ihm zu[r] seite gestanden. Ihm sei dank und ehre. Ich habe ihm eisernes kreuz zweiter und erster klasse verliehen.

（ヴィルヘルムの最初の勝利をそなたとともに喜びたい．なんと見事に神はかれを扶け給うたことか．かれに感謝と榮光あれ．わしは，かれに二等と一等の鉄十字勲章を授けたぞ）

「神」も「皇太子」も，「かれに」で指示されていることに由来するおかしみ（第 16 章「人称」）．

◇Jack London の *Martin Eden*, 65 ページに，次の会話が見いだされるが，それは，総称の you の口語的な意味を見事に例示している．ミス・ルースが，マーティンに次のようにたずねる．

"By the way, Mr. Eden, what is *booze*? You used it several times, you know." "Oh, booze," he laughed. "It's slang. It means whisky and beer—anything that will make you drunk." This makes her say: "Don't use *you* when you are impersonal. *You* is very personal, and your use of it just now was not precisely what you meant." "I don't just see that." "Why, you said just now to me, 'whisky and beer—anything that will make you drunk'—make *me* drunk, don't you see?" "Well, it would, wouldn't it?" "Yes, of course," she smiled, but it would be nicer not to bring me into it. Substitute *one* for *you*, and see how much better it sounds."

（「ところで，イーデンさん，「ブーズ」って何ですの？ 何回かお使いになったでしょう」「ああ，ブーズね．俗語ですよ．ウィスキーやビール——何でもあなたを酔わせてくれるものですよ」すると，彼女が言う．「個人に関係ないことを言うときには，「あなた」を使わないでくださいな．「あなた」ってずいぶん個人的ですわ．さっき「あなた」っておっしゃったけど，まさか，そういうつもりじゃなかったのでしょう」「どうもよくわかりませんね」「だって，さっきおっしゃったじゃ

ないの，ウィスキーやビール——何でも「あなたを」酔わせてくれるものって——それって，<u>わたしを酔わせる</u>ってことじゃありませんの？」「だって，酔うでしょう」「もちろん，酔いますわ」と彼女はにっこりして言った．「でも，わたしを引き合いに出さないでくださったほうがありがたいわ．you のかわりに one って言ったら，ずっと感じのいい響きになるでしょう」）

イーデンは，you を総称的に使用し，ミス・ルースは，それを二人称の人称代名詞と解したために生じた，ちぐはぐの会話がなんともおかしい（第16章「人称」）．
◇ある漫画雑誌に次のような例が見られる．

> L'instituteur． Comment donc? Vous êtes incapable de faire l'analyse gramaticale de cette simple phrase: 'L'alouette chante.' Vous avez écrit dans votre devoir: Alouette, substantif masculin singulier.
>
> 　L'élève． Sans doute． Et je maintiens energiquement 'masculin': chez les alouettes, il n' a que le mâle qui chante.
> （先生．えっ，何だって？　きみは，「ヒバリがさえずる」という，こんな簡単な文を文法的に分析することができないのかね．きみは，宿題に「ヒバリ，男性単数名詞」と書いてるじゃないか．
> 　生徒．そのとおりです．そして，ぼくは，断然「男性」と主張します．ヒバリにあっては，さえずるのは雄だけですから）

フランス語の alouette は，-e という語尾を見てもわかるように，女性名詞である．この生徒は，「ヒバリ」の文法的性ではなく，自然的性を考えているのである（第17章「自然的性と文法的性」）．
◇英語では，man は最古の時代から男女双方を表すのに用いられてきたが，この語はまた，とくに男性について用いることもできるので，その結果，あいまいさと混乱が生じることがある．たとえば，シェリーをいたくおもしろがらせた，ミス・ヒチナーの詩行がそれである．

All, all are *men* — women and all!
　　（みんな，みんな，人間なのだ——女性も，だれもかも！）（第 17 章「自然的性と文法的性」）．

　このエピソードは，Medwin, *The Life of Shelley* の 118 ページにある．シェリーは，友人の女教師エリザベス・ヒチナーのこの詩行を，いとこのメドウィンに何度も何度もそらんじてみせては，そのたびごとに涙が出るほど笑いこけた，とある［高橋規矩氏私信］．

第 27 章

イディオム三題

27.1. Thunder turns the milk

W. Somerset Maugham の *Cakes and Ale* の中で, この小説の語り手と女主人公の Mrs. Driffield とが, 次のような会話を交わしている.

(1) 'Don't you sing?' I asked.
　　'I do, but it always *turns the milk*, so Ted doesn't encourage me.'
　　(「あなたは歌は歌わないんですか」と私が聞いた.「歌いますわ. でも, いつも味噌が腐っちゃうんです. ですから, テッドも勧めませんの」)

ここの 'turns the milk' (牛乳を酸敗させる) というのは, ちょうど, 日本語の「(ぬか)味噌が腐る」という言い方と一致しておもしろいが,[1] いったい,「悪声で歌を歌うと牛乳が腐る」という考え方がイギリスにあるのだろうか. Brewer, *Dictionary of Phrase and Fable*; Partridge, *A Dictionary of Slang and Unconventional English*; Collinson, *Contemporary English*;

---

1. 『広辞苑』(第5版) は,「味噌が腐る」を「歌う声の悪いのをおとしめていう言葉」と説明している.

SOD[3] などに当たってみたが，何らの言及も見られない．ところが，研究社の『新大英和』(第5，第6版)には，

 (2) Thunder *turns the milk*.
   (雷鳴はミルクをすっぱくする)《俗信》

という例文があり，『新簡約英和』には

 (3) Thunder will *turn milk sour*.[2]
   (雷鳴はミルクをすっぱくする)《西洋の言い伝え》

という例が見える．もしも，こういう「俗信」または「言い伝え」が実際にあるとするならば，Mrs. Driffield の歌が「牛乳を腐らせる」というのも理解できる．つまり，彼女の歌声は「雷鳴」にも比すべき胴間声であるというわけなのだろう．それにしても，研究社の二つの辞典が，「俗信」とか「西洋の言い伝え」とかと付注している根拠は，どこにあるのだろうか．COD[5]，POD[4] のそれぞれ turn の項を見ると，前者は (4) の，後者は (5) の例を示しているが，特別な注は見えない（この両辞書のその後の版からは，この用例が消えている．筆者もその一人だが，COD, POD は Fowler 兄弟のものにかぎるとする人は筆者の友人の中にも多くいる）．

 (4) Thunder will *turn milk* (*sour*).[3]
 (5) Hot weather *turns milk sour*.
   (暑い天気は，牛乳をすっぱくさせる)

最後に，OED[2] (s.v. *Turn* 46) に当たってみると，次の用例が引用してあったが，やはり，そうした意味の注意書きは見えなかった．

 (6) A thunder storm tonight might *turn the syllabub*.

---

 2. これは，'turn *the* milk' となるのが普通である．おそらく，Tunder will turn milk (sour) という，COD の冠詞を落とした形をそのまま利用したものと考えられる．

 3. この表記法は，誤解を招くものと言わなければならない．なぜなら，turn the milk の turn は 'make sour' という意味の完全他動詞であり，turn the milk sour の turn は，'make' という意味の不完全他動詞だからである．

(Edwards, *Next of Kin Wanted*)
(今夜の雷雨で，ミルク酒がすっぱくなるかもしれない)

以上のようで，「雷が鳴ると牛乳が腐る」というのが「俗信」または「言い伝え」であるという記述は，どの英米の辞典にも見えなかったけれども，[4] COD や POD にその旨の用例が引いてあり，Maugham や OED² にもその意味の実例があるところを見れば，少なくともイギリスでは，そういう「言いならわし」があるということを裏書きするものではないだろうか．

*

筆者が上の文を発表したあと，それを読まれた岩瀬恭一氏は，『英語青年』105 巻 9 号の EIGO CLUB 欄に，英米ともにそういう迷信があることを報告された．すなわち，Vance Randolph, *Ozark Superstitions* の HOUSEHOLD SUPERSTITIONS という章には，アメリカの Missouri, Arkansas 両州にわたる Ozark 地方に，次のよう迷信があると述べているとのことである．

(7) It is very generally believed that *thunder and lightning cause milk sour* in a few hours, even in the coldest weather. This can be prevented, however, by putting a rusty nail in the crock or pan.
(雷と稲妻は，この上もなく寒い天候のときでも，数時間で牛乳をすっぱくしてしまう，と広く一般に信じられている．しかし，錆びたくぎを，かめ，またはなべに入れておけば，これを防ぐことができる)

また，E. & M. A. Radford 共編の *Encyclopaedia of Superstitions* の THUNDER の項には，イギリスの Hereford 州および Kent 州にも，次のような迷信があると言う．

(8) When there is thunder about, a bar of iron should be put on

---

4. Web³, RHD² に次の用例があるが，どちらも迷信とは関係がない．
Hot weather may *turn milk*. / Warm weather *turns milk*.

the barrels of beer to *keep them from souring*.
(雷が鳴っているときには，ビールがすっぱくならないように，ビールだるの上に鉄の棒を置かなければならない)

さらに，その後，『英語青年』に，国広哲弥氏は (9) の，大沼浩氏は (10)，(11) の用例を寄せられた．読者のご参考までに，それらの貴重な例を引用させていただく．

(9) *Your beer will be the worse for to-night's thunder,* I expect.
(Dickens, *The Old Curiosity Shop*)
(お宅のビールも，きっと今夜の雷ですっぱくなることでしょう)

(10) Little Britain has its long catalogue of city wonders, which its inhabitants consider the wonders of the world; such as the great bell of St. Paul's which *sours all the beer when it tolls*.
(Irving, *The Sketch Book*, 'Little Britain')
(小ブリテンには，かずかずの市の不思議があり，住民たちはそれを世界の不思議と考えている．たとえば，聖ポール寺院の大鐘であるが，これが鳴るときにはビールが全部すっぱくなってしまうのだ)

(11) Hot weather and thunder, and want of company are hostess's grief, for then *her ale sours*.
(J. D. Wilson (ed.), *Life in Shakespeare's England*)
(暑い天気と雷とお客が足りないことは，女主人の嘆きの種だ．その心は，そういう場合には，ビールが酸敗してしまうからである)

以上のようで，牛乳，ビール，ミルク酒類をすっぱくさせる原因は，雷，稲妻，寺院の大鐘，さらに，拡大して，歌を歌うときの胴間声などであることがわかる．

27.2. spitting on a coin

そのむかし，高校の英語教師をしていたころ，ある高校英語読本に収められている，O'Flaherty の "A Shilling" という短編を読んだことがある．この好短編には，Patsy という老人が，拾った1シリング玉につばを吐きかけて，ポケットにしまいこむくだりがあるが，問題になったのは，彼はなぜ拾った貨幣につばを吐きかけたのか，ということであった．問題の箇所は，テクストでは，次のようになっている．

 (12) They watched Patsy *spit on it* and put it in his pocket.
   (彼らは，パッチーがそれにつばを吐きかけて，ポケットへ入れるのを見た)

その理由をめぐって，いろいろと活発な意見が出されたけれども，決定的な意見は出なかったようだ．その後まもなく，筆者は，Bram Stoker (1847-1912) の有名な怪奇小説 *Dracura* (1897) を平井呈一氏の訳本で読んでいたが，そのとき，はからずも，次のような箇所にぶつかったのである．

 (13) 「御者はツガニー人の頭(かしら)から，なにがしかの金をもらい，もらったその金に，縁起をかついで唾をパッと吐きかけ，それからどっこいしょと御者台に乗った」[5]

これを読んだとき，筆者は，これは魔除けのまじないなんだな，ちょうど，この国で塩をまいて清めるのと同じように，と早合点してしまった．このことが，たまたま，吸血鬼の住む城の中で起こった事件だったからである．そして，次の機会に，教室ではその旨の訂正をしておいた．

ところが，それから大分たって，この結論はふたたび修正しなければならなくなった．というのは，Brewer の *Phrase and Fable* の新版 (1956年)

---

 5. 原文は次のとおり．ご覧のとおり，平井氏の訳はかなり大胆な自由訳である．
  the Slovaks were given some money by the Szgany, and *spitting on it for luck*, lazily went each to his horse's head.

を手に入れたとき，早速，この辞典の威力を試してみたら，SPITTING FOR LUCK という項に，

> (14) Spitting was a charm against enchantment among the ancient Greeks and Romans.
> （つばを吐くことは，古代ギリシア・ローマの人びとの間で魔法にかからないためのまじないであった）

とあり，続いて，Countrymen spit for luck on a piece of money given to them（田舎の人びとは，もらった貨幣に縁をかついでつばを吐きかける）という記述が見えたからである．つまり，つばを吐きかけることは，確かに，魔除けのまじないである場合もあるのだが，上述の O'Flaherty の短編や，『ドラキュラ』の場合は，単に「縁起をかついで」のしぐさと見るほうが当たっていたのだ．なにしろ，いずれの場合も，「貨幣」につばを吐きかけているのだし，また，そのしぐさをした主人公たちは，いずれも「田舎の人びと」なのであるから．

*

上の小文を読まれた岩瀬恭一氏は，『英語青年』105 巻 10 号に，Radford の *Encyclopaedia of Superstitions* によって，次のような記事を寄せられた．すなわち，その COIN の項を見ると，Kent 州その他に，

> (15) To dig up an ancient coin while ploughing a field is a curse of the Devil, unless you at once spit on each side of it.
> （畑を耕しているときに古銭を掘り出した場合，すぐさまその両面につばを吐きかけないと，悪魔ののろいがかかる）

のような迷信が見え，SPITTING の項には，

> (16) The first money taken at the start of the day's business should be spat on to ensure ready sales and good luck.
> （1 日の最初の売り上げ金には，速い売れ行きと幸運を確保するために，つばを吐きかけなければならない）

とあり，市場の迷信 (market square superstition) と注意しているとのことであった．

27.3. before you can say "Metro-Goldwyn-Mayer"

ある高校英語読本の，J. B. Priestley のエッセイ *Delight* から採った一文に，次のようなくだりがある．

(17) no sooner has any important character wandered on to an airfield than a suitable aircraft comes roaring up, lets down its steps, whisks him or her inside, and takes off *before you can say "Metro-Goldwyn-Mayer"*.
(だれでもいい，重要人物が飛行場にぶらぶらと出てくるいなや，あつらえ向きの飛行機が爆音を立てて近づいて来て，さっとその人物を中へ連れこむと，あっと言うまに離陸してしまうのだ)

ここのイタリック体の部分が教室で問題になった．生徒は，この部分を直訳することもでき，Metro-Goldwyn-Mayer がアメリカの映画会社であることを知っているのだが，さて，どういうことを言っているのか，ぴんと来ないらしい．(教授用指導書を見ると，「自分の乗りたい飛行機を M. G. M. の飛行機は来ているかと叫ぶ間もあらせず」とあるが，これでは何のことかよくわからない．) いろいろと押し問答をしているうちに，一人の生徒が，「M. G. M. と言えないうちに」というのは，結局，「非常に速く」ということではないか，と言ったときにはうれしかった．というのは，下調べのとき，これは (18) や (19) のような，before you can say Jack Robinson (= very quickly) という口語的慣用句[6]をもじったものにちがいない，とにらんでいたからである．

(18) "... Let's have the shutters up," cried Old Fezziwig, with a

---

6. Eric Partridge の *Dictionary of Slang and Unconventional English* は，この句を 18 世紀末ごろから用いられている「口語」としている．

sharp clap of his hands, "*before a man say Jack Robinson*!"

(Dickens, *A Christmas Carol*)

(「さあ，あっと言うまにシャッターを閉めてしまおうぜ」とフェジウィグ爺さんは，両手をパンとたたいて叫んだ)

(19) they would hash you up like nothing *before you could say Jack Robinson*.

(Twain, *The Adventures of Huckleberry Finn*)

(やつらは，グウの音も出ないうちに，手もなくおまえさんをめちゃめちゃにしちまうだろうよ)

つまり，ここでは，たまたま映画のことを話題にしているので，Jack Robinson と言う代わりに，Metro-Goldwyn-Mayer としゃれてみたまでのことなのである．

*

この句の Jack Robinson という部分が固定したものでないことは，それがまれに knife という語に置き替えられることや，上述の M. G. M. とか，weather とかのような臨時用法（nonce use）が，強意的またはユーモラスな効果を狙って行なわれているところを見ても，明らかに察せられるだろう．

(20) There was a cry, and *before you could say knife* Mrs. Driffield had come into the passage and was shaking hands.

(Maugham, *Cakes and Ale*)

(まあという声がしたと思うと，あっと言うまに，ドリフィールド夫人が廊下へ出て来て，私と握手をしていた)

(21) the man, *before you can say 'weather,'* was busy on his dark work. (Wodehouse, *Blandings Castle*)

(その男は，たちまち，忙しく悪事にとりかかっていた)

なお，次の例も，比較されたい．

(22) Make up fires and buy another coal-scuttle *before you dot another i*, Bob! (Dickens, *A Christmas Carol*)

(火を継ぎ足しなさい．そして，四の五の言わずに，もう一つ石炭入れを買ってくるんだよ，ボブ・クラチット)

*

　この句の起源について，Eric Partridge の *Dictionary of Slang and Unconventional English*; Brewer, *Phrase and Fable*; Bartlett, *Familiar Quotations* などで調べたところでは，次のような，三つの説がなされているのがわかったが，いずれも信憑性に欠けている．[7]

　1) 近所の家へぶらりとやって来たかと思うと，もうそこにはいないという，せっかちな紳士の名前から，とする Grose, *Dictionary of the Vulgar Tongue* (1785) の説．

　2)「ある古い戯曲」に見える 'A warke it ys as easie to be done / As tys to saye Jacke! robys on'（「ジャック，服を着な」と言うのと同じくらい造作ない仕事）という文句から，とする Halliwell, *Archaic Dictionary* (1846) の説．

　3) ロンドンのたばこ屋兼歌手の Hudson なる人物が，19世紀初葉に，はやらせたこっけい歌に由来する，とする Bartlett, *Familiar Quotations* の説．

　このうち，*1)* の説は，Partridge, Brewer が「ありえない」として否定し，*2)* の説は，Brewer が「ある古い戯曲」なるものの存在が怪しいとしてしりぞけている．最後に，*3)* の説だが，Hudson の歌は19世紀初葉に，はやったものなので，18世紀にはすでに用いられていたこの句の起源の説明にはならない．

---

7. この句の起源については，OED[2]; Apperson, *English Proverbs and Proverbial Phrases*; Smith, *The Oxford Dictionary of English Proverbs* は，何も触れていない．

引用文献

A. 辞書

BBI² = *The BBI Dictionary of English Word Combinations*, 1997².
BEU = *The American Heritage Book of English Usage*, 1996.
CALD = *Cambridge Advanced Learner's Dictionary*, 2003.
CED = *Collins English Dictionary*, 1991³.
COD = *The Concise Oxford Dictionary of Current English*, 1964⁵, 1976⁶, 1982⁷.
ジーニアス大英和 =『ジーニアス英和大辞典』, 2001.
KCED = *The Kenkyusha College English Dictionary*, 1999.
LDCE = *Longman Dictionary of Contemporary English*, 2001³, 2003⁴.
MED = *Macmillan's English Dictionary for Advanced Learners*, 2002.
OALD = *Oxford Advanced Learner's Dictionary of Current English*, 1963², 1974³, 1989⁴, 1995⁵, 2001⁶, 2005⁷.
OED² = *The Oxford English Dictionary*, 1989.
POD = *The Pocket Oxford Dictionary of Current English*, 1942⁴, 1969⁵.
RHD² = *The Random House Dictionary of the English Language*, 1987.
新大英和⁶ =『新英和大辞典』(第6版), 2002.
新簡約英和 =『新簡約英和辞典』, 1956.
SOD = *The Shorter English Dictionary*, 1944³, 2002⁵.
WBD² = *The World Book Dictionary*, 1978.
Web³ = *Webster's Third New International Dictionary of the English Language*, 1961.

B. 著書・論文

Akmajian, Adrian (1970) "On Deriving Cleft Sentences from Pseudo-cleft Sentences," *Linguistic Inquiry* 1, 149–168.
安藤貞雄 (1969)『英語語法研究』研究社, 東京.
安藤貞雄 (2005)『現代英文法講義』開拓社, 東京.
Ando, Sadao (1976) *A Descriptive Syntax of Christopher Marlowe's Language*, University of Tokyo Press, Tokyo.
Apperson, G. L. (1929) *English Proverbs and Proverbial Phrases: A Historical Dictionary*, Dent, London.

Barlett, John (1923) *Familiar Quotations*, Macmillan, London.
Belletti, A. and L. Rizzi (1988) "Psych-verbs and θ-theory," *Natural Language and Linguistic Theory* 6, 291-352.
Bolinger, Dwight (1977) *Meaning and Form*, Longman, London.
Bradley, Henry (1968) *The Making of English*, Macmillan, London. [寺沢芳雄（訳）『英語発達小史』，岩波文庫.]
Brewer, E. C. (1956) *Brewer's Dictionary of Phrase and Fable*, Cassell, London.
Brugman, Claudia M. (1981) "Story of Over," MA thesis, University of California, Berkeley.
Carrier, J. and J. Randall (1992) "Argument Structure and Syntactic Structure of Resultatives," *Linguistic Inquiry* 23, 173-234.
Celce-Murcia, M. and D. Larsen-Freeman (1999^2) *The Grammar Book*, Heinle & Heinle, New York.
Chafe (1970) *Meaning and the Structure of Language*, University of Chicago Press, Chicago.
Chomsky, Noam (1981) *Lectures on Government and Binding*, Foris, Dordrecht.
Chomsky, Noam (1995) *The Minimalist Program*, MIT Press, Cambridge, MA.
Collinson, W. E. (1957) *Contemporary English* (「英語学ライブラリー」9)，研究社，東京.
Curme, G. O. (1922) *A Grammar of the German Language*, Ungar, New York.
Curme, G. O. (1931) *Syntax*, rpt. Maruzen, Tokyo.
Dewell, Robert B. (1994) "*Over* Again: Image-Schema Transformations in Semantic Analysis," *Cognitive Linguistics* 5, 351-380.
Dixon, R. M. W. (1991) *A New Approach to English Grammar, on Semantic Principles*, Clarendon Press, Oxford.
江川泰一郎 (1955)『代名詞』(英文法シリーズ4)，研究社，東京.
Einenkel, E. (1916) *Geschichte der englischen Sprache: II Historische Syntax*, Karl J. Trübner, Strassburg.
Fauconnier, Gilles (1997) *Mappings in Thought and Language*, Cambridge University Press, Cambridge.
Fillmore, Charles (1968) "The Case for Case," *Universals in Linguistic Theory*, ed. by E. Bach and R. T. Harms, Holt, Rinehart and Winston, New York.
Fries, C. C. (1940) *American English Grammar*, Appleton-Century-Crofts, New York.
Fuji, Masayuki (1992) "Against LF-raising Analysis of Exception Conjunctions in English," Unpublished paper.
藤井光太郎 (1955)『アメリカ英語要語辞典』研究社，東京.
Goldberg, Adele E. (1995) *Constructions: A Construction Grammar Approach*

to *Argument Structure*, University of Chicago Press, Chicago.
Grimshaw, Jane (1990) *Argument Structure*, MIT Press, Cambridge, MA.
Haegeman, Liliane (1994) *Introduction to Government and Binding Theory*, Blackwell, Oxford.
Haegeman, Liliane and Jacqueline Guéron (1999) *English Grammar: A Generative Perspective*, Blackwell, Oxford.
Hoekstra, Teun (1988) "Small Clause Result," *Lingua* 74, 101–139.
Horita, Yuko (1995) "A Cognitive Study of Resultative Constructions in English," *Osaka University Papers in English Linguistics* 2, 31–79.
細江逸記 (1933)『動詞叙法の研究』泰文堂, 東京.
細江逸記 (1956)『英文法汎論』(改訂版) 泰文堂, 東京.
Huddleston, Ronald and Geoffrey Pullum (2002) *The Cambridge Grammar of the English Language*, Cambridge University Press, Cambridge.
市河三喜(編) (1953^2)『英語学辞典』研究社, 東京.
池内正幸 (1992)「チョムスキー理論の新展開(上, 下)」『言語』第21巻, 1, 2月号.
Imanishi, Noriko (1994) "A Note on Exception-Constructions in English," *Synchronic and Diachronic Approaches to Language*, ed. by Shuji Chiba, Liber Press, Tokyo.
石橋幸太郎他(編) (1966)『英語語法大事典』大修館書店, 東京.
Jackendoff, Ray (1990) *Semantic Structures*, MIT Press, Cambridge, MA.
Jackendoff, Ray (1997) "Twistin' the Night Away," *Language* 73:3, 534–559.
Jespersen, Otto (1909-49) *A Modern English Grammar*, I-VII, Allen & Unwin, London. [MEG]
Jespersen, Otto (1922) *The Philosophy of Grammar*, Allen & Unwin, London. [安藤貞雄(訳)『文法の原理』(上, 中, 下) 岩波文庫.]
Jespersen, Otto (1933) *The Essentials of English Grammar*, Allen & Unwin, London.
河上誓作(編著) (1996)『認知言語学の基礎』研究社出版, 東京.
Kayne, Richard, S. (1985) "Principles of Particle Constructions," *Grammatical Representations*, ed. by Guéron et al., Foris, Dordrecht.
高津春繁 (1954)『印欧語比較文法』岩波書店, 東京.
小西友七(編) (1980)『英語基本動詞辞典』研究社, 東京.
Kruisinga, E. (1932^5) *A Handbook of Present-Day English*, 4 vols., rpt. Senjo, n.d.
Kuno, Susumu (1981) "Japanese: A Chracteristic OV Language," *Syntactic Typology*, ed. by W. R. Lehmann, University of Texas Press, Austin.
Lakoff, George (1987) *Women, Fire, and Dangerous Things: What Categories Reveal about the Mind*, University of Chicago Press, Chicago. [池上嘉彦・河上誓作他(訳)『認知意味論:言語から見た人間の心』, 紀伊國屋書店.]

Langacker, Ronald W. (1987) *Foundations of Cognitive Grammar*, vol. 1: *Theoretical Prerequisites*, Stanford University Press, Stanford.
Larson, Richard K. (1988) "On the Double Object Construction," *Linguistic Inquiry* 19, 335-391.
Levin, Beth and Malka Rappaport Hovav (1986) "The Formation of Adjectival Passives," *Linguistic Inquiry* 17, 623-661.
Levin, Beth and Malka Rappaport Hovav (1995) *Unaccusativity*, MIT Press, Cambridge, MA.
Lindner, Susan J. (1981) *A Lexco-Semantic Analysis of English Verb Particle Construction with 'Out' and 'Up'*, Doctoral dissertation, University of California, San Diego.
Lounsbury, T. R. (1907) *History of the English Language*, Holt, New York.
Mason, C. P. (1888) *English Grammar*, George Bell & Sons, London.
Napoli, Donna (1992) "Secondary Resultative Predicates in Italian," *Journal of Linguistics* 28, 53-90.
Onions, Charles T. (1929) *Advanced English Syntax*, Kegan Paul, London.
大塚高信（1938）『英文法論考』研究社，東京．
大塚高信(編)（1970²）『新英文法辞典』三省堂，東京．
大塚高信（1977）『書誌学への道』荒竹出版，東京．
尾上政次（1957）『現代米語文法』研究社，東京．
Palmer, Frank R. (1974) *The English Verb*, Longman, London.
Partridge, Eric (1984) *A Dictionary of Slang and Unconventional English*, Macmillan, London.
Pollock, Jean-Yves (1989) "Verb Movement, Universal Grammar, and the Structure of IP," *Linguistic Inquiry* 23, 261-303.
Poutsma, H. (1904-26) *A Grammar of Late Modern English*, 5 vols., rpt. Senjo, n.d.
Quirk, R., S. Greenbaum, G. Leech and J. Svartvik (1972) *A Grammar of Contemporary English*, Longman, London.
Quirk, R., S. Greenbaum, G. Leech and J. Svartvik (1985) *A Comprehensive Grammar of the English Language*, Longman, London.
Radford, Andrew (1988) *Transformational Grammar*, Cambridge University Press, Cambridge.
Radford, Andrew (1997) *Syntactic Theory and the Structure of English*, Cambridge University Press, Cambridge.
Radford, E. and M. A. Radford (1961) *Encyclopaedia of Superstitions*, Hutchinson, London.
Reinhart, Tanya (1991) "Elliptic Conjunctions — Non-Quantificational LF," *The Chomskyan Turn*, ed. by A. Kasher, Blackwell, Oxford.

Randolph, Vance (1947) *Ozark Superstitions*, Columbia University Press, New York.
Ross, Robert (1970) "On Declarative Sentences," *English Transformational Grammar*, ed. by R. A. Jocob and P. S. Rosenbaum, Blaisdell, Waltham, MA.
Rothtein, Suan (1992) *The Syntactic Forms of Predication*, Doctoral dissertation, MIT.
斎藤秀三郎 (1936)『携帯英和辞典』日英社,東京.
Saito, Hidesaburo (1902) *Studies in Mood and Tense*, Kobunsha, Tokyo.
Saito, Hidesaburo (1932) *Monograph on Prepositions*, The S.E.G. Press, Tokyo.
相良守峯 (1979[2])『ドイツ文法』岩波書店,東京.
Sapir, E. (1921) *Language: An Introduction to the Study of Speech*, Harcourt, Brace, New York.〔安藤貞雄(訳)『言語——ことばの研究序説』岩波文庫.〕
Sawada, Shigeyasu (2000) "The Semantics of the 'Body Part *Off*' Construction," *English Linguistics* 17:2, 361–385.
関口存男 (1979)『ドイツ語学講話』三修社,東京.
Simpson, Jane (1983) "Resultatives," *Papers in Lexical-functional Grammar*, ed. by Levi et al., Indiana University Linguistics Club.
Smith, C. (1983) "A Theory of Aspectual Choice," *Language* 59, 479–501.
Smith, W. G. (1975[3]) *The Oxford Dictionary of English Proverbs*, Oxford University Press, Oxford.
Stowell, Tim (1983) "Subjects across Categories," *The Linguistic Review* 2, 285–312.
Sweet, H. (1898) *New English Grammar*, Clarendon Press, Oxford.
高見健一・久野 暲 (2002)『日英語の自動詞構文』研究社,東京.
豊田 実 (1951)『アメリカ英語とその文体』研究社,東京.
Visser, F. Th. (1963–83) *An Historical Syntax of the English Language*, 4 vols., E. J. Brill, Leiden.
Winkler, Susanne (1997) *Focus and Secondary Predication*, Mouton de Gruyter, Berlin and New York.
Yamada, Yoshihiro (1987) "Two Types of Resultative Construction," *English Linguistics* 4, 73–90.
Zandvoort, R. W. (1972) *A Handbook of English Grammar*, rpt. Maruzen, Tokyo.

索　引

1. 日本語はあいうえお順，英語は ABC 順.
2. 数字はページ数を示す.
3. 数字のあとの n は脚注を表す.

[あ行]

アスペクトの衝突　126
池波正太郎　47
引用実詞　11
逸話好きなイェスペルセン　223-7
英語の例外構造について　171-80
　Reinhart (1991) 批判　174-7
　代案　177-80
迂言的 do の起源　185-7
　代案　186-7

[か行]

環境の it　77-8
外界指示(exophoric reference)　78
外置(extrapose)　172
基本レベル・カテゴリー(basic level category)　119
繰り下げ(lowering)　167
結果構文の諸タイプ　110-3
　従来の統語分析の検討　113-7
　新しい分析　117-22
　意味融合(semantic conflation)　119
　結果構文の制約　122-8
原型(prototype)　23
現実スペース(reality space)　87
痕跡は削除できるか　190-2

語彙分解(lexical decomposition)　119
語彙的使役動詞(lexical causative)　125

[さ行]

最後の手段(the last resort)　166
使役・移動構文と結果構文　107-32
自己の対象化　190
主観的経路(subjective path)　150
終結的／非終結的(telic/atelic)　127
手段動詞　119
主要部移動制約(head movement constraint, HMC)　162
小節(small clause)　118, 121
叙想法の諸問題　87-100
　機能　87
　用語の問題　87-8
　叙法の節点　88-9
　叙想法動詞は非定形か　90-1
　なぜ do-support が不要か　91-2
　補文標識 that は省略できないのか　92-3
　1 人称，2 人称への命令は可能か　94-5
　倒置条件節の起源　96-8
　Subjunctive は常に従節に生起するか　98-100
自由表現(free expression)　28

状況的基礎　50, 51
上方適用制限(upward bounded)　172, 178
　　違犯の例　178n
上昇述語(raising predicate)　78
スペース構築語(space builder)　89, 91
接辞化(cliticize)　168
想念スペース(thought space)　87

[た行]

代換法(hypallage)　27
談話標識語(discourse marker)　39
定型表現(formula)　28
摘出領域に関する条件(condition on extraction domain, CED)　172-3
天候動詞(weather verb)　77
投射原理(projection principle)　174

[な行]

ネクサス目的語(nexus object)　118

[は行]

搬動語法　109
否定辞 not の位置について　161-70
　　文否定の not [be/have の場合 161-5, 一般動詞の場合: *do*-support 165-6]
　　構成素否定の not　166-9
　　形式と意味の不一致　169-70
非能格動詞(unergative verb)　116
付加(adjunction)　166, 171
付加詞(adjunct)　123
ぶらさがり節(dangling clause)　38
文主語制約(sentential subject constraint)　173n

分離主語(split subject)　124
プロトタイプ的使役動詞　119
プロファイル　31

[ま行]

"見せかけ目的語"(fake object)　113, 123, 124
無生物主語構文　68-75
　　特徴　68
　　無生物主語の訳し方　69
　　無生物主語をとる動詞　69-75
名詞句からの外置(extraposition from NP)　173n, 177
メタファー的拡張(metaphorical extension)　108
メタファー的写像(metaphorical mapping)　152

[や行]

有界的(delimiting, delimited)　127
様式化された誇張法(conventionalized hyperbole)　128

[ら行]

例外的格標示(exceptional case marking, ECM)　120, 124

[英語]

All a poet can do today is warn の構文　2-11
all attention　64
all curiosity, waited　64
All that I have done is talk about it　5

索　引

All is 抽象名詞の構文　60-5
All was absolutely silence behind us　63
all smiles, was　65
anaphoric と cataphoric の訳語　210-1
　backward / forward, regressive / progressive との関連　211
Be it ever so humble,　100
Be that as it may,　99
before you can say "Metro-Goldwyn-Mayer"　234-6
BODY PART off 構文　128-9
Come what may,　100
daylights (=wits)　27
deprive A of B　72
do＋-ing　50
do＋the＋-ing の構造　48-54
　do の意味　51-3
　the の性格　49-51
　類型　53-4
except の目的語　175-6
He's fat, and scant of breath　215-8
How is it that …? と Why is it that …?　12-20
It のステータスについて　76-86
　真正項(true argument)　76
　擬似項(quasi-argument)　76
　非項(non-argument)　76
　環境の it　77-8
　非人称の it　78-9
　it 外置構文　79-82
　it 分裂構文　82-6
　擬似分裂文　86
It's me の構文　187-90
　従来の説明　188-9
　新しい解釈　189-90
It was peace at last　65
itself, kindness　64

itself, simplicity　64
Jespersen sometimes nods　206-9
　What's the matter?　206-8
　Oh, to be in England　208-9
learn to do と learn how to do　212-4
　learn how to love と言えない理由　213
ought はなぜ to が付くのか　181-5
　to の落ちた例　184-5
over の意味分析　133-60
　Lakoff の分析および批判　133-43
　Dewell の分析と問題点　143-51
　代案　151-8
　overlook と oversee　158-60
prevent O from -ing　71
prevent his /him going　72
pat sb on the back とその類型　29-37
　A 型と B 型　29-34
　C 型　34-7
Piove　77n
Pluit　77n
rob A of B　72
say to oneself　55-8
　類型　59
scare the hell out of us　21
scare sb out of his wits　27
scare the life out of sb　27
sees the centenary, The next year　75
simplicity itself　64
since 構文と時制　194-8
　単純時制＋since　194-7
　since 節の時制　197-8
spitting on a coin　232-4
stop sb from -ing　71
stop his / him coming　72
Subjunctive は「接続法」か　101-6
'twere better　105
talk / speak to oneself　58-9

That was a doctor I was speaking to 84
The Cricket on the Hearth を読む 219-22
The thing is, 46
The trouble was, 46
Thunder turns the milk 228-31
'time' away 構文 130-1
V + (the) hell out of の構文 21-8
V out のタイプ 131
V to one's feet のタイプ 131
V up のタイプ 132

way 構文 129-30
What do you have to do, hook her up the back? 6
What I did, started talking の構文 38-47
Who may you be? 203-5
Who the hell knows? 26
Would that (= I wish) 105
?why to do と *who to go 199-202
You are perfection 63n
You can NOT work today 170

初 出 一 覧

(数字は発表年月日，数字がないものは書き下ろし．)

1. 'All a poet can do today is warn' の構文：『英語青年』1959.8.
2. 'How is it that …?' と 'Why is it that …?'：『英文法研究』1957.9.
3. 'V + (the) hell out of' の構文：『英語青年』1968.2.
4. 'pat sb on the back' とその類型：『英文法研究』1960.2.
5. 'What I did, I started talking' の構文：『英語青年』1965.9.
6. 'do the -ing' の構造：『英文法研究』1959.12.
7. 'say, talk, etc. to oneself'：『英語青年』1960.11.
8. 「All is 抽象名詞」の構文：『英語語法研究』1969.12.
9. 無生物主語構文
10. It のステータスについて：『英語青年』1998.1.
11. 叙想法の諸問題：『英語青年』2004.4.
12. Subjunctive は「接続法」か：『英語青年』1999.9.
13. 構文とプロトタイプ：『英語青年』2000.1–3.
14. over の意味分析：『英語青年』2001.1–3.
15. 否定辞 not の位置について：『英語青年』2003.1.
16. 英語の例外構造について：『安田女子大学大学院博士課程開設記念論文集』1997.3.
17. 英語史四章：『安田女子大学大学院開設10周年記念論文集』2003.12.
18. since 構文と時制：『英語青年』2004.6.
19. ?why to go と *who to go：『英語青年』2004.1.
20. Who may you be?：『英語青年』2003.10.
21. Jespersen sometimes nods.：『英語青年』2001.10.
22. anaphoric と cataphoric の訳語
23. learn to do と learn how to do
24. 'He's fat, and scant of breath'：『英語青年』2002.5.
25. *The Cricket on the Hearth* を読む：『英語青年』2006.11.
26. 逸話好きなイェスペルセン：『英語青年』2007.3.
27. イディオム三題：『英語語法研究』1969.12.

著者紹介

安藤貞雄（あんどう　さだお）

広島大学名誉教授・文学博士（名古屋大学）．

1976年市河賞，2006年英語語法文法学会賞，Who's Who in the World (1993-)，Men of Achievement (1995-) に記録．

主な編著書: *A Descriptive Syntax of Christopher Marlowe's Language* (University of Tokyo Press)，『英語教師の文法研究』（正・続）（大修館書店），『生成文法用語辞典』（共著，大修館書店），『英語学の歴史』（共著，英潮社），『新クラウン英語熟語辞典』（共編，三省堂），『新英和大辞典』（第5, 6版）（共編，研究社），『言語学・英語学小辞典』（共編，北星堂書店），『現代英米語用法事典』（共編，研究社），『英語学の視点』（開拓社），『英語学入門』（共著，開拓社），『英語史入門』（開拓社），『現代英文法講義』（開拓社）ほか．

主な訳書: マッカーシー『語学教師のための談話分析』（共訳，大修館書店），『ラッセル教育論』，『ラッセル幸福論』，サピア『言語――ことばの研究序説』，イェスペルセン『文法の原理』，プリーストリー『夜の来訪者』，ガーネット『狐になった奥様』（以上，岩波文庫）ほか．

開拓社叢書 18

英文法を探る

© 2007 Sadao Ando
ISBN978-4-7589-1813-8　C3382

著作者	安藤　貞雄	
発行者	長沼　芳子	
印刷所	日之出印刷株式会社	

2007年9月10日　第1版第1刷発行

発行所　株式会社　開拓社

〒113-0023　東京都文京区向丘1-5-2
電話　(03) 5842-8900（代表）
振替　00160-8-39587
http://www.kaitakusha.co.jp

R〈日本複写権センター委託出版物〉
本書の全部または一部を無断で複写複製（コピー）することは，著作権法上での例外を除き，禁じられています．複写を希望される場合は，日本複写権センター(03-3401-2382)にご連絡ください．